A CRUZ E O crepúsculo

A cruz e o crepúsculo

Revelando as mensagens ocultas na saga de Stephenie Meyer

Beth Felker Jones

Thomas Nelson Brasil

Rio de Janeiro
2010

Título original
Touched by a vampire

EDITOR RESPONSÁVEL
Julio Silveira

SUPERVISÃO EDITORIAL
Clarisse de Athayde Costa Cintra

PRODUTORA EDITORIAL
Fernanda Silveira

CAPA
Inquilinos

TRADUÇÃO
André Jenkino

REVISÃO
Margarida Seltmann
Joanna Barrão Ferreira

PROJETO GRÁFICO E DIAGRAMAÇÃO
Julio Fado

CIP-BRASIL. CATALOGAÇÃO NA FONTE
SINDICATO NACIONAL DOS EDITORES DE LIVROS, RJ

J67c
Jones, Beth Felker, 1976-
A cruz e o Crepúsculo: as mensagens espirituais na saga de Stephenie Meyer / Beth Felker Jones; [tradução André Jenkino]. - Rio de Janeiro: Thomas Nelson Brasil, 2010.

Tradução de: Touched by a vampire
ISBN 978-85-7860-071-6

1. Meyer, Stephenie, 1973-. Crepúsculo. 2. Meyer, Stephenie, 1973- - Religião. 3. Bíblia na literatura. 4. Ficção americana - Aspectos religiosos. 5. Vampiros na literatura. I. Título. II. Título: As mensagens espirituais na saga de Stephenie Meyer.

09-6491. CDD: 813
CDU: 821.111(73)-3

Rua Nova Jerusalém, 345 – Bonsucesso
Rio de Janeiro – RJ – CEP 21402-325
Tel.: (21) 3882-8200 Fax: (21) 3882-8212 / 3882-8313
www.thomasnelson.com.br

Para minhas meninas

Sou grata aos estudantes com quem debati muitas das questões deste livro e a Ella Myer pelas considerações iniciais. Muito obrigada aos amigos que ofereceram ajuda enquanto escrevia, especialmente a Traci, Lynn, Tiffany, Aimee e Dana por lerem partes do manuscrito. Um enorme obrigada também para Jessica Barnes, da WaterBrook Multnomah — que editora incrível! E, sempre, obrigada a minha família, a meu marido, Brian, e a Gwen, Sam e Tess. Quando disse a Sam que o livro estava pronto, ele comemorou.

Nota da autora

Recursos para usar este livro

Antes de começar a falar sobre a saga *Crepúsculo* e as mensagens que ela contém, quero indicar alguns recursos que podem ser usados para iniciar um debate sobre os assuntos tratados neste livro, seja em um grupo de jovens, um grupo de estudos da Bíblia, nas aulas da escola dominical ou em um grupo de amigos.

Primeiramente, no fim de cada capítulo você encontrará algumas perguntas para reflexão. Essas perguntas têm como objetivo suscitar pensamentos sobre como o tema de cada capítulo se relaciona com nossa vida, levando a uma discussão sobre o que devemos relevar na saga *Crepúsculo* — e sobre o que não devemos.

Em segundo lugar, no fim do livro, há um guia de discussão para cada um dos livros que remete aos eventos de cada parte da saga *Crepúsculo*, bem como aos temas e às mensagens neles retratados.

Além desses guias de discussão, há também um guia on-line para orientadores (www.waterbrookmultnomah.com), em inglês, que traz ideias sobre como usar os guias de discussão com os grupos.

Com esses recursos, espero que vocês possam discutir os assuntos deste livro com mais profundidade. É uma ótima oportunidade para tratar não apenas dos livros que amamos, mas para chegarmos mais próximos a Deus.

Sumário

Introdução 13

Capítulo 1 - *Fruto proibido* 23

Capítulo 2 - *Fascinado* 37

Capítulo 3 - *Carne e sangue* 51

Capítulo 4 - *O super-herói e a garota comum* 65

Capítulo 5 - *Beisebol e lealdade* 81

Capítulo 6 - *Para a eternidade* 95

Capítulo 7 - *Filhote de monstro ou filho precioso?* 109

Capítulo 8 - *Força sobre-humana* 121

Capítulo 9 - *Meu verdadeiro lugar no mundo* 135

Capítulo 10 - *Paixão por Deus* 147

Epílogo - *Jesus, a luz* 157

Guia de Discussão Livro por Livro 159

Introdução

Adoro uma boa história.

Adoro o jeito como algumas histórias mexem com meus filhos. Às vezes, meu filho é um monstro saído de um livro, aterrorizando as irmãs com rugidos horripilantes. Outras, minha filha encena um conto de fadas e voa pela casa com asas brilhantes. Por vezes todos eles vão para fora e se unem aos vizinhos em uma brincadeira de *Guerra nas Estrelas*. O bem combate o mal debaixo da macieira do jardim.

Adoro como uma história pode nos transportar para outro mundo, um mundo de imaginação e mistério. Quando uma história nos arrebata o coração, mergulhamos nela. Afundamos nas águas profundas do mundo que o autor cria para nós, e aprendemos a geografia desse mundo. Tememos aquilo que os personagens temem, e amamos aquilo que os personagens amam.

Acima de tudo, amo o que acontece quando saímos do mundo das histórias. Deixamos a profundidade das águas da imaginação para inspirar com força o ar de nosso próprio mundo. Mas agora não é mais o mesmo mundo que era antes de termos mergulhado na história, porque o mundo da história muda nosso próprio mundo, e isso nos ajuda a imaginar possibilidades que jamais vislumbramos antes. Esse retorno sugere novos sonhos para nos guiar, novos temores para nos amedrontar e novas esperanças para nos inspirar. As histórias que amamos têm poder. Elas mudam nossa vida.

O poder das histórias me levou a escrever este livro. Talvez você tenha lido a saga *Crepúsculo* de Stephenie Meyer, mergulhando na história que ela conta. Talvez seus amigos tenham lido e contado a você o quanto ficaram absorvidos pelo mundo de *Crepúsculo*. Talvez você seja pai e queira conhecer melhor a história que sua filha ama, ou talvez esteja procurando orientação sobre o que você quer que ela leia.

Os livros da saga *Crepúsculo* são grandes *best-sellers*. Em parte, a série é popular porque lida com assuntos com os quais muitos de nós nos identificamos. Tratam de romance. Tratam de encontrar, perder e manter o amor. Mas também falam sobre sexo e desejo. São sobre família. Chegam até a ser sobre o significado da vida. E a série é especialmente popular entre mulheres e garotas porque lida sobre tudo isso *sob a perspectiva de uma garota*. Há personagens masculinos importantes no livro, é claro, mas é pelos olhos de uma garota, os olhos de Bella, que vemos o mundo de *Crepúsculo*. É pelos olhos de uma garota que a história nos faz refletir sobre importantes assuntos — romance, desejo, sexo, amor, família e significado. Escrevi este livro por ser apaixonada pela forma como tais assuntos têm importância em nossa vida. E porque sou cristã, porque minha vida é moldada pelo amor de Jesus Cristo, tenho especial interesse em como podemos meditar sobre esses assuntos por intermédio de uma ótica cristã.

Pretendo discutir com você os poderosos temas que formam o mundo de *Crepúsculo* e, assim, sugiro que façamos isso de modo estritamente cristão. Os temas sobre amor, romance, sexo, família e seus significados são parte central do que somos e de como vivemos. Isso significa que precisamos tratar desses temas com abordagem ponderada e bíblica. Neste livro, ofereço algumas perguntas, ferramentas e ideias para ajudar você nesse sentido.

Os temas em *Crepúsculo* são todos ligados ao que significa ser mulher. Quero que pensemos sobre o que significa ser mulher e amar a Deus.

Introdução às histórias

Antes de mergulhar nesses assuntos tão interessantes, quero traçar um rascunho da saga *Crepúsculo*. Se você não leu os livros e não quer que eu estrague a surpresa, pare aqui.

Os romances de Meyer são divertidos. O enredo tem reviravoltas surpreendentes, e os quatro livros se somam para contar uma história de amor irresistível. Bella, a heroína, é uma adolescente qualquer. Ela se vê como uma pessoa normal e desinteressante. Edward é um colega de sala irresistivelmente charmoso que se revela um vampiro. Em *Crepúsculo*, os dois personagens se encontram e iniciam um romance improvável. Em *Lua nova*, o romance parece terminar. Mas eles voltam em *Eclipse* e constroem uma vida juntos em *Amanhecer*. Durante todo o percurso, eles enfrentam os perigos e a escuridão do mundo dos vampiros.

Crepúsculo

A mãe de Bella decide cair na estrada com seu novo marido, e a garota acaba indo morar com seu pai em uma cidade pequena e chuvosa próxima ao noroeste do Pacífico. Sempre procurando evitar os holofotes, ela não fica muito animada com a vida na nova escola. Vários garotos da cidade a consideram muito atraente, mas Bella não tem qualquer interesse neles. Não, ao menos, até se dar conta da existência do lindo e misterioso Edward. Ele passa a habitar os pensamentos de Bella para não sair mais.

Bella se senta ao lado de Edward em uma aula de ciências, e a reação dele é estranha. Ele olha para ela com ódio e hostilidade indescritíveis. Bella se sente frustrada e incomodada. O que é que ela, uma garota comum, fez para merecer uma reação tão desmedida desse garoto tão lindo?

Depois, Edward usa o corpo para impedir que uma van fora de controle esmague Bella no estacionamento da escola. Ele nega aquilo em que Bella começa a acreditar — que há algo de extraordinário nele. Com alguma ajuda de seu amigo Jacob e da internet, ela descobre que Edward é um vampiro. Assim, a garota descobre o segredo mais íntimo dele, preparando o terreno para que ambos se apaixonem.

O livro explica que Edward é um membro de uma família de vampiros "vegetarianos". Eles renegam o desejo por sangue humano e decidem sobreviver caçando animais de grande porte. Bella fica sabendo, no entanto, que a reação exagerada de Edward a ela no primeiro encontro se deveu ao fato de o cheiro do sangue *dela* ser excepcionalmente tentador para ele. O simples fato de sentar-se próxima a ele ameaça pôr fim a anos de seu autocontrole. No contexto desse eminente perigo, os dois dão início a um romance secreto.

O perigo aumenta quando Bella acaba ficando exposta a alguns vampiros assassinos enquanto passava um tempo com a família de Edward. James, um vampiro cujo talento e diversão é perseguir sua presa, fica de olho em Bella, determinado a caçá-la e matá-la. Edward e sua família montam um plano para salvá-la. Eles mandam a garota para Phoenix, mas James a atrai para uma armadilha em uma escola de dança repleta de espelhos.

Edward salva Bella no último segundo e destrói James. Bella acaba mordida, mas Edward consegue chupar o veneno de vampiro do sangue dela. No fim do livro, ele rejeita os pedidos de Bella para transformá-la em uma criatura como ele, de modo a poderem compartilhar a vida.

Lua nova

Durante o aniversário de Bella na casa de Edward, a garota se corta por acidente e o cheiro de seu sangue arruína o frágil autocontrole de Jasper, irmão de Edward. Jasper parte para atacá-la e precisa ser contido por sua família. O incidente abala Edward profundamente. Convencido de que não pode amar Bella e mantê-la a salvo, ele a deixa.

Bella mergulha em uma profunda depressão. A maior parte do livro trata da intensidade da tristeza sentida e da decepção pelo amor perdido.

Por fim, Bella consegue encontrar algum conforto na crescente amizade com Jacob. Ela e Jacob consertam duas antigas motocicletas, algo que o pai da garota havia proibido por conta dos vários acidentes por ele presenciados. A excitação de dirigir a motocicleta faz com que Bella ouça a voz de Edward dentro de sua cabeça, motivando-a a experimentar atividades ainda mais perigosas em um esforço para se aproximar dele.

Estranhos acontecimentos na comunidade de Jacob levam à eventual descoberta de que ele se tornara um lobisomem. No mundo de *Crepúsculo*, os lobisomens existem por um único propósito — proteger a vida humana dos vampiros. Na forma de lobisomem, Jacob protege Bella da vampira Victoria, que busca se vingar da jovem pela morte de James em *Crepúsculo*.

Em outro momento perigoso, Bella experimenta mergulhar de um penhasco e quase se afoga. Apesar de Jacob resgatá-la do mar, Edward não fica sabendo. Acreditando que Bella está morta, Edward viaja para a Itália para cometer suicídio provocando os Volturi, líderes do mundo vampiresco.

Alice, irmã de Edward, e Bella se lançam em uma dramática corrida para chegar à Itália a tempo de salvar Edward. Apesar do sucesso, os Volturi tomam conhecimento da relação de Bella e Edward e passam a representar nova ameaça à segurança da garota. Já que Bella passa a saber da existência deles, os Volturi decretam que ela deve ou morrer, ou tornar-se vampira. Transformar-se em uma vampira é exatamente o que Bella deseja, mas Edward continua a se recusar.

Bella compreende que Edward a deixara para poder protegê-la. O relacionamento entre eles fica mais firme que nunca.

Eclipse

Bella concorda em trocar algo que ela não deseja — casar-se — por algo que Edward também não deseja fazer — transformá-la em vampiro.

Edward e sua família suspeitam que uma série de assassinatos em Seattle está sendo causada por alguma atividade vampiresca descontrolada. A ameaça de Victoria ainda espreita Bella, bem como a dúvida de quando e se Bella irá se tornar uma vampira. O suspense aumenta em ambas as questões. Além disso, Bella tem de trabalhar seu amor por Edward sob a luz da amizade romântica entre Jacob e ela, surgida enquanto Edward estava ausente.

A ameaça de Seattle é descoberta. Victoria está criando um exército de vampiros para destruir Bella, Edward e toda a família dele. O enredo nos conta que os vampiros "recém-nascidos", ou seja, aqueles cuja transformação tem pouco tempo, são particularmente fortes e cruéis.

Apesar de inimigos naturais, a família vampiresca de Edward e a matilha de lobisomens de Jacob formam uma improvável aliança para derrotar Victoria e seu exército. Bella é forçada a lidar com a tensão entre seu relacionamento com Edward e Jacob. Ela assume seu amor por Jacob, mas acaba escolhendo Edward. No fim do livro, Jacob foge, incapaz de aceitar a tristeza de perder Bella.

Amanhecer

Bella e Edward realizam um lindo casamento na casa da família dele e viajam para uma ilha paradisíaca para desfrutar a lua de mel. Mas a viagem é prematuramente interrompida quando Bella descobre estar grávida e que o bebê parece crescer em velocidade assombrosa. Edward, preocupado com a segurança da esposa, pede que ela dê fim à gravidez, mas Bella, torturada por sonhos em que uma linda criança semelhante a Edward corre perigo, decide proteger seu bebê a qualquer custo.

Na parte do romance que se segue, a gravidez torna Bella extremamente fraca. Como se não tivesse forças para continuar a contar a história por si mesma, a narrativa passa a acontecer sob a voz de Jacob. Jacob e Edward se unem devido ao temor sobre o que o bebê vampiro estaria fazendo a Bella. Quando ela parece estar prestes a morrer, eles conseguem fazer com que Bella sobreviva um pouco mais dando a ela um pouco de sangue humano para beber. No momento de sua morte — e do violento nascimento da criança — Edward finalmente transforma Bella em vampira.

Depois da dolorosa transformação, Bella passa a dar os primeiros passos em sua nova vida. Sua nova família de vampiros assume o fardo de impedir que ela tome alguma vida humana durante o período cruel e sedento por sangue de sua recente transformação. No entanto, Bella surpreende a todos com seu autocontrole e suas habilidades de vampira. Ela então passa a desfrutar plenamente de sua relação com Edward e sua filha, Renesmee. Ela chega até a encontrar alguma paz em sua amizade com Jacob.

Os Volturi acreditam que a pequena Renesmee é uma "criança imortal" ilegal. Os vampiros são proibidos de transformar crianças humanas em vampiros, pois os pequeninos jamais aprendem a se controlar e ameaçam o sigilo e a estabilidade do mundo dos vampiros. Como nos outros livros, *Amanhecer* culmina com uma ameaça e um duelo, posto que os Volturi ameaçam destruir Edward, Bella e toda a família Cullen.

Então a família reúne vários amigos, em uma tentativa de fazer com que os Volturi parem por tempo suficiente para ouvir a verdade. Bella treina para o combate e exercita um poder de "escudo" para ajudar a proteger sua família. Os Cullen conseguem convencer os Volturi que Renesmee não é uma ameaça à sociedade, e a série acaba com a família fadada à paz, à felicidade e à união.

Usando este livro

Agora que você está familiarizado com a história, este livro será seu guia por alguns dos temas mais importantes da saga *Crepúsculo*.

Já ouvi muitas sugestões de que os cristãos deveriam aceitar a série de Meyer. Porque o universo sobre o qual ela escreve é um universo moralista, talvez os cristãos consigam enxergar nossa própria moralidade ali. Porque o casal de protagonistas espera até depois do casamento para fazerem sexo, talvez os cristãos possam achar palavras de encorajamento sobre a pureza e o autocontrole.

Mas fico em dúvida em relação a tais sugestões.

Acredito que os cristãos podem achar vários exemplos aproveitáveis em histórias que não são cristãs, mas fico indecisa com o modo com que os temas da moralidade e da bondade funcionam na saga *Crepúsculo*. Meyer é mórmon, e seus livros sempre pintam um retrato extremamente mormonista do universo. O livro também reflete os valores e as suposições da cultura popular norte-americana de maneira que nós, cristãos, queremos prestar atenção. Estou aqui para ajudar você a fazer perguntas, para ajudar você a olhar para os temas do universo de *Crepúsculo* sob um ponto de vista cristão.

Como já havia dito, as histórias de Meyer são empolgantes, mas nem tudo que nos comove é saudável. Espero que você use este livro em prol do discernimento. Espero que você aprenda a enxergar aquilo que ajuda a edificar e o que ajuda a derrubar. Como cristãos, precisamos desenvolver habilidades que nos ajudem a separar o que é saudável do que não é. Algumas histórias nos irão nutrir, ajudando a fortificar a fé, dando incentivo para que melhor conheçamos e amemos Jesus. Outras histórias serão menos como uma refeição equilibrada e mais como uma lata de refrigerante e uma barra de chocolate. Uma má alimentação de vez em quando não machuca, mas também não nos torna mais saudáveis. Outras histórias serão mais como veneno. Essas voltam nosso coração contra o amor de Deus e na direção de outros tipos de desejo.

Não quero aqui dizer a você quais histórias você deve ler ou não. Não vou escrever uma lista de livros que são "integrais" em oposição àqueles que são "puro açúcar". Mas gostaria de dar a você habilidades que o ajudem a criar uma bela despensa em sua vida de leitura e imaginação.

Também não estou aqui para dar *a* interpretação final da saga *Crepúsculo*. Ao ler as histórias, pode ser que você note coisas bem diferentes das que notei. Pode ser que você não concorde com a minha reação em relação aos personagens ou ao roteiro. Estou aqui para expor as questões que me ocorreram quando li, para apontar o rumo que as coisas parecem seguir na saga, e para dar alguma inspiração sobre como os temas se relacionam com a vida cristã. Espero que minhas questões o ajudem a propor outras questões.

Os capítulos deste livro estão organizados segundo os assuntos da série, os quais mencionei anteriormente. Em cada capítulo, tratarei sobre como um tema opera em *Crepúsculo*, e darei algumas sugestões sobre como debatê-lo à luz da reflexão e da Bíblia.

Espero que você use este livro para uma reflexão pessoal. Talvez você tenha um grupo de amigos cristãos que possa ajudá-lo a meditar sobre os importantes assuntos que discutiremos. Talvez você possa lê-lo com algum líder juvenil ou com um grupo cristão que se reúne visando ao discipulado e à responsabilidade. Eu adoraria que mães e filhas lessem este livro juntas.

Sei que você se preocupa com os temas que regem a saga *Crepúsculo*. Eles são importantes e afetam nossa vida cotidiana. Independentemente da pessoa com quem você irá ler este livro, espero que discuta os temas nele contidos com outros cristãos. Eles são importantes demais para serem trabalhados sozinhos.

Capítulo 1

Fruto proibido

O encanto do romance perigoso

Suponha que cada pessoa possua certa quantidade de energia para querer, ter esperança e desejar. Essa energia representa nossos mais profundos desejos. Se imaginarmos tal energia como uma pilha de moedas de ouro, podemos também imaginar o modo com que as "gastamos". Muitas garotas e mulheres empregam a maior parte dessas moedas em romance. Gastamos as moedas sonhando com um amor verdadeiro, esperando encontrar o Sr. Correto, nosso Príncipe Encantado. Suspiramos por "aquele" homem, nossa alma gêmea, o amor romântico que finalmente irá nos compreender, que irá nos completar.

Quando ainda pequenas, assistimos à Branca de Neve cantar: "Algum dia meu príncipe virá", e criamos uma expectativa sobre quando ela irá encontrar o homem dos seus sonhos. De acordo com a música, quando encontrar o Príncipe Encantado, será amor à primeira vista. Branca de Neve e as outras princesas de nossos contos de fada prediletos gastam com alegria todas as moedas de ouro na expectativa de encontrar tal príncipe. Somos convencidas a partilhar esse anseio, fazendo dele nossa própria história.

O romance de Bella na saga *Crepúsculo* se encaixa nessa tendência de gastar todas as nossas moedas de desejo e de esperança em um romance. Tal romance desafia regras e segue adiante a despeito de qualquer perigo. Ele também é completamente arrebatador — exige tudo de Bella (bem como de muitas leitoras do livro). Acima de tudo, tal romance é predestinado. Edward e Bella são almas gêmeas, feitos um para o outro. As forças que os mantêm unidos são muito mais poderosas que os perigos e as dificuldades que os manteriam afastados.

Um romance intenso e perigoso define a saga *Crepúsculo*.

Romance perigoso

Quando Bella se senta ao lado de Edward na aula de ciências, ele fica tenso e olha para ela com repulsa. Ela o havia visto anteriormente naquele mesmo dia, mas ainda não o conhecia. Bella não consegue imaginar o motivo de ter provocado tamanho horror no garoto ao seu lado. A reação exagerada dele faz a garota refletir sobre a frase: "Como se pudesse me matar."[1] Ela percebe a tensão que há entre eles.

Depois descobrimos o motivo de Edward olhar para ela com desdém. Para ele, a carne de Bella e o cheiro peculiar de seu sangue agem como isca extremamente tentadora. É algo tão hipnotizante que ele tem de fugir para não atacá-la, o que arruinaria todos os anos que passou protegendo a vida humana. Apesar de estar praticando a moderação e de desenvolver o autocontrole, ele é obrigado a fugir.

[1]MEYER, Stephenie. *Crepúsculo*. Rio de Janeiro: Intrínseca, 2009, p. 26.

Para ele, Bella é atraente a esse ponto. Fugir é o único jeito de evitar fazê-la em pedaços tão logo ele a veja.

Em *Lua nova*, Aro, um dos guardiões Volturi do mundo dos vampiros, fica perplexo com o modo com que Edward resiste ao "chamado" do sangue de Bella, dada a intensidade da tentação por ela provocada. Por que motivo Edward iria *querer* resistir a tal tentação? Por que, quando algo é assim *tão* desejável, *tão* delicioso, Edward resiste ao desejo de morder?

No começo de *Crepúsculo*, deparamo-nos com uma citação da Escritura. Em Gênesis 2:17, Deus instrui os seres humanos: "Mas não coma da árvore do conhecimento do bem e do mal, porque no dia em que dela comer, certamente você morrerá." A estupenda arte da capa do livro, uma maçã madura, é o fruto proibido do amor perigoso. O romance central de *Crepúsculo* é proibido também por ser demasiado perigoso.

No entanto, como cristãos, precisamos fazer uma pausa antes de começarmos a romantizar sobre o conhecimento acerca do bem e do mal. Em Gênesis, Deus dá a seu povo muitas coisas boas. Eles têm tudo o que precisam para desfrutar a alegria, a felicidade e uma ótima vida. A escolha que os humanos fazem por desobedecer a Deus e comer o único fruto "proibido" é, literalmente, uma escolha fatal. Tal escolha leva o pecado e a morte ao mundo. Toda a abundante felicidade e a bondade caem ao redor.

O romance ameaça destruir Bella. Os livros criam um alerta constante e tenso de que Edward está sempre sob risco de perder o controle e mordê-la. Durante todo momento em que Bella e Edward estão juntos, ele luta contra seu desejo de beber o sangue da jovem. Mike, colega de Bella, expressa sua reprovação pela crescente amizade com Edward. "Ele olha para você", diz Mike, "como se... Como se você fosse uma coisa de comer."[2]

---

[2] *Crepúsculo*, p. 164.

Antes de passarem algum tempo a sós, Edward se prepara com muito cuidado, tomando precaução para manter Bella a salvo. Ele se certifica de não estar com fome exagerada. Ele faz tudo que pode para lutar contra a tentação de sua simples presença, especialmente quando deixam a proteção dos olhares alheios. Ele tem de se preparar, pois, para Bella, a natureza dele é uma ameaça à vida. Bella, porém, parece despreocupada quanto ao risco que corre. Em vez disso, ela se preocupa com o fato de que seria muito perturbador para Edward se ela morresse sob a guarda dele.

Bella admite, ao menos de vez em quando, achar Edward assustador. Quando ele remove sua "fachada refinada"[3] de humanidade, parece tanto assustador quanto atraente para Bella. A atração que sente por ele anda lado a lado com a constatação de que ele é perigoso. Repetidamente Bella confunde Edward ao aceitar o perigo de estar com ele. Por mais que ele a alertasse, tentando afastá-la para seu próprio bem, mais ela se recusava a deixar a situação de risco.

O romance na série é algo perigoso e ilícito, isto é, ele é contra a lei. Todas as regras do mundo humano e do mundo vampiresco vão contra o casal. Ele ameaça a existência dela com a sede por sangue. Ela ameaça a existência dele quando descobre sobre sua vida secreta. Bella e Edward querem ambos o que simplesmente não poderiam ter.

Então, como os cristãos devem entender o romance ilícito?

Para começar, não vivemos sozinhos. Deus nos criou para que vivêssemos em comunhão, e fazemos isso ao pertencer à igreja. A igreja existe como corpo e noiva de Jesus. Os cristãos, então, jamais estão sozinhos. Somos partes de um corpo. Assim diz Paulo em 1 Coríntios:

---

[3] *Crepúsculo*, p. 195.

> O olho não pode dizer à mão: "Não preciso de você!" Nem a cabeça pode dizer aos pés: "Não preciso de vocês!" (12:21)

Precisamos uns dos outros. E precisamos dos outros no que diz respeito aos relacionamentos, do mesmo modo como precisamos em qualquer outra parte da vida. Outros membros do corpo podem nos ajudar a compreender as coisas como não conseguiríamos por conta própria. Eles podem nos ajudar a avaliar se nossos interesses românticos são realmente de nosso *melhor* interesse. Podem nos ajudar a avaliar se nossos desejos românticos são do interesse *de Deus*. Pais, pastores, amigos cristãos e líderes juvenis podem *servir* como igreja para nós quando nos ajudam a refletir sobre o romance.

Essa ideia de que a igreja deve ter um papel em nossa história romântica é algo irritante. Compreendo se você achar melhor uma longa e dolorosa visita ao dentista que pedir a opinião de alguém sobre com o que deve ou não sonhar.

A ideia da prestação de contas sobre o romance nos irrita porque pensamos no romance como algo extremamente privado. Bella e Edward certamente pensam assim. Bella esconde a verdade sobre Edward de seus pais. Ela ignora as impressões de Jacob sobre os perigos de seu relacionamento. Apesar de a família de Edward por fim passar a amar Bella, ele deliberadamente ignora as preocupações iniciais deles sobre os perigos envolvidos em amar uma garota humana. Ele quebra um tabu dos vampiros ao revelar sua vida para uma humana. A atração que eles sentem um pelo outro é tão forte que parece não haver nada que possam fazer a não ser ignorar as regras criadas com o intuito de mantê-los a salvo.

Não obstante, nada na vida cristã é verdadeiramente privado. Pertencemos, no fim das contas, a Deus, e não a nós mesmos. Apesar de tal ideia parecer ir contra a maneira que queremos como sejam nossos romances, ela é, na verdade, um dos melhores dons de Deus.

Deus nos fez para que não ficássemos sozinhos, e Deus não fez isso para nos perturbar. Deus não nos deu a igreja apenas para nos impor uma série de regras arbitrárias. Deus nos dá a igreja como bênção. O fato de você não estar sozinho é algo bom. Significa que você não repousa apenas em sua própria misericórdia.

Você e eu sabemos que a igreja não é um lugar perfeito. Ela é lugar para pecadores, de sorte que também não podemos esperar que os esforços da igreja para nos ajudar a compreender os romances sejam perfeitos. Eles nos ajudam, porém, para lembrarmos que a igreja existe por um motivo. Ela existe para a glória de Deus. Ela existe para ser a noiva sagrada de Jesus.

Quando pedimos à igreja — pais, amigos, líderes — que nos façam responsáveis no que diz respeito ao romance, não estamos dando às pessoas licença para nos controlar conforme a vontade delas. Não perguntamos, por exemplo, se acham tal ou tal pessoa fisicamente atraente. Posso imaginar toda sorte de motivos verdadeiramente ruins pelos quais se possa imaginar que não devemos nos sentir atraídos por alguém. Quando alguém não gosta de outra pessoa por causa da raça ou por tal pessoa não pertencer a uma família rica, então nós, cristãos, não poderemos buscar ajuda em tal pessoa. Não obstante, *precisamos* prestar contas. Assim, pedimos que outras pessoas nos ajudem a *ser* igreja, para glorificar a Deus e se tornar sua sagrada noiva em todos os aspectos da vida. Incluindo os relacionamentos.

Conforme visamos à responsabilidade na área dos romances, descobrimos maneiras de apontar o que é bom e o que é mau romance. Se a atração por outra pessoa glorifica a Deus, então é bom sinal. Se a pessoa que captura nossa atenção é boa em servir a Jesus e nos ajuda a ser bons nisso também, então é bom sinal. Mas quando nos vemos imersos em sentimentos românticos, esses sinais podem passar despercebidos. Pior ainda, podemos não perceber os maus sinais, como a atração por alguém que nos afasta de Deus ou que nos convence a pertencer menos ao povo de Deus do que gostaríamos. Podemos não perceber tais sinais especialmente quando tal atração nos coloca sob perigo.

Saia da personagem de Bella por um instante, e imagine que você é a melhor amiga dela. Você ficaria preocupada com o perigo envolvido no romance dela com Edward? Romances não devem ser perigosos. Conhecemos muitas piadas e estereótipos de garotas atraídas por *bad boys*, mas a verdade é que tal atração geralmente causa muita dor. A falta de preocupação de Bella com sua própria segurança é um aviso, ao qual devemos prestar atenção, seja em nós, seja em nossos amigos. Precisamos de orientação especialmente quando corremos o risco de nos colocar em perigo.

Romance devorador

O romance em *Crepúsculo* é totalmente desgastante. Quando se apaixona por Edward, Bella não tem lugar para nada mais em sua vida. Os livros usam palavras como *obcecada* ou *consumida* para descrever os sentimentos de Bella em relação a Edward. Edward influencia tudo que Bella pensa e faz. Ela anseia dar toda sua vida a Edward, está disposta, nas palavras dele, "porque este será o crepúsculo" da vida, "... pronta para desistir de tudo".[4] Os leitores de *Crepúsculo* também são consumidos por esse romance. Já ouvi muitos relatos de que a série devorou o tempo e a energia de uma pessoa, quase chegando a exaurir.

Como cristãos, temos de ficar imediatamente alertas para o relato de um romance que consome toda nossa existência. Um dos avisos mais prementes das Escrituras diz respeito à idolatria. Com frequência as pessoas se voltam contra os mandamentos de Deus:

---

[4] *Crepúsculo*, p. 354

> Não terás outros deuses além de mim. Não farás para ti nenhum ídolo, nenhuma imagem de qualquer coisa no céu, na terra, ou nas águas debaixo da terra. Não te prostrarás diante deles nem lhes prestarás culto, porque eu, o SENHOR, o teu Deus, sou Deus zeloso. (Êxodo 20:3-5)

No Novo Testamento, Paulo descreve a tristeza de se viver em idolatria. Nós, seres humanos, nos tornamos tolos porque "trocaram a glória do Deus imortal por imagens feitas segundo a semelhança do homem mortal, bem como de pássaros, quadrúpedes e répteis" (Romanos 1:23). Fizemos mau negócio, diz Paulo. Trocamos a glória de Deus por tristes imagens. Apesar de você e eu provavelmente não orarmos para um ídolo esculpido em forma de pássaro ou de réptil, não obstante, somos tentados à idolatria. Somos tentados a trocar a coisa mais impressionante e preciosa do mundo — a glória do Deus imortal — por imagens. Trocamos a glória de Deus por ilusões.

Existe alguma coisa que exige obediência de você mesmo antes que você renda glória a Deus? Pois tal coisa é um ídolo. Existe alguma coisa que deseja devorar toda sua vida, ou tomar de você toda sua energia, anseio, desejo e esperança? Pois tal coisa é um ídolo. E é fácil para um romance se tornar ídolo.

Paulo continua sua descrição de idolatria no primeiro capítulo de Romanos. Não só os humanos fazem esse mau negócio, mas há ainda as consequências. O que acontece com os seres humanos quando trocamos a glória de Deus por qualquer outra coisa? Somos entregues a nossos desejos pecaminosos. Caímos na armadilha.

A mensagem da Bíblia é que Deus deve ser o centro de nossa vida. Jesus enfatiza essa mensagem quando cita o livro de Deuteronômio:

> Ame o Senhor, o seu Deus, de todo o seu coração, de toda a sua alma, de todo o seu entendimento e com todas as suas forças. (Marcos 12:30)

Jesus não fala sobre amar Deus apenas pela metade. Ele não fala que se deve gastar apenas metade de sua energia em Deus e metade em outras coisas. Jesus repete a palavra *toda* quatro vezes no versículo anterior. Como devemos amar Deus? Com tudo o que somos. Com coração, alma, mente e força. Com paixão, anseio, pensamentos e energia. Com desejo, tempo, atenção e ação. Em Jesus, enxergamos alguém cuja vida diz respeito unicamente a Deus. E ele nos oferece a chance de termos uma vida semelhante.

Romance predestinado

Acima de tudo, o romance no universo de *Crepúsculo* é algo predestinado. Bella e Edward foram feitos um para o outro. Eles são o ideal de o que almas gêmeas românticas devem ser. A conexão que têm é poderosa, imediata e irresistível. Eles são atraídos um pelo outro, compelidos como se por força magnética. Até parece que Bella existe apenas para Edward. Ela mesma, quem ela é de verdade, é um par perfeito para o desejo dele.

Além do romance de Bella e Edward, a série retrata outro forte exemplo de romance predestinado. Na matilha de lobisomens de Jacob, eles encontram suas parceiras por meio de um "*imprinting*". Quando encontra "a" amada, o amor predestinado, o lobisomem imediatamente gruda na outra pessoa. Jacob descreve o processo com fortes palavras. Ele explica a Bella: "Não é como o amor à primeira vista. É mais como... uma atração gravitacional. Quando a *vê*, de repente não é mais a Terra que mantém você aqui. É ela. E nada importa mais do que ela."[5] Os casais formados pelo *imprinting* experimentam "a paz e a certeza".[6]

---

[5]MEYER, Stephenie. *Eclipse*. Rio de Janeiro: Intrínseca, 2009, p. 132.
[6]MEYER, Stephenie. *Amanhecer*. Rio de Janeiro: Intrínseca, 2009, p. 125.

Sam, líder da matilha de Jacob, é atraído dessa maneira por uma mulher de nome Emily. Sam acidentalmente machuca Emily quando está em sua forma de lobo. Mas antes do *imprinting* com Emily, Sam tinha um relacionamento de compromisso com outra pessoa, Leah, mas, quando sente o *imprinting*, ele não tem escolha senão abandonar Leah. O tratamento dado à situação de Leah é incrivelmente frustrante. A ira e a dor que sente com a rejeição de Sam não são tratados com muita seriedade. Sam, no mundo romântico da série de Meyer, não tem controle algum sobre tal rejeição. Os laços de um relacionamento amoroso não o podem segurar quando o destino aparece, criando o *imprinting* com Emily.

Emily também recebe pouca atenção na narrativa. Apenas nos é revelado que o ferimento causado por Sam é fonte de dor, particularmente para ele, mas não tomamos muito conhecimento sobre as dificuldades de viver e amar um lobisomem que pode acidentalmente criar cicatrizes. Não ouvimos muito os pensamentos de Emily nem conhecemos as escolhas que ela tinha no que diz respeito a amar Sam. Ela acabaria tendo, podemos presumir, pouca escolha se o destino realmente os tivesse feito um para o outro.

Mas ouvimos ainda menos os pensamentos de outros personagens que passam por um *imprinting* com um lobisomem. Quil, amigo de Jacob, sofre um *imprinting* com uma criança chamada Claire. O livro certifica o leitor de que não há nada inapropriado na amorosa devoção ao bebê. Quil não terá desejos românticos até ela se tornar uma mulher adulta. Por enquanto, ele é apenas uma babá devotada. Mas a narrativa não faz referência à questão do desequilíbrio de poder inerente a um relacionamento entre uma garota e um homem anos mais velho. Mesmo que Quil continuasse fisicamente jovem quando Claire estivesse madura o suficiente para ele, ele ainda teria anos de experiência a mais que ela. Seria difícil que muita coisa fosse mútua nesse relacionamento. Quil sempre teria o controle, a palavra final.

A ideia de que o romance é predestinado é bastante difundida, e retratada de forma convincente em *Crepúsculo*. Quais as consequências em se aceitar tal conceito de romance? Primeiro, se um romance é determinado pelo destino, se meu único amor for minha alma gêmea, aquele para quem fui feita, então as possibilidades da escolha e da responsabilidade desaparecem. Não sou mais livre para fazer boas escolhas sobre com quem quero compartilhar minha vida. Ao contrário, sou obrigada pelo destino. Não mais poderia buscar o bom conselho de outros cristãos no que diz respeito à vida romântica. O destino seria o único conselheiro necessário.

Desse modo, o romance predestinado não apenas destrói nossa liberdade de escolha no início de um relacionamento como também ameaça nossa liberdade de *continuar* a escolher o amor face as dificuldades e as distrações. Se eu fosse presa pela ideia de uma alma gêmea romântica predestinada, então eu a seguiria onde quer que ela fosse, mesmo que isso significasse deixar alguém para trás, como Sam, que deixa Leah para ficar com Emily. A ideia do romance predestinado destrói bons casamentos do mesmo modo. Quando me convenço de que alguma outra pessoa, que não meu marido, é minha alma gêmea verdadeira, então perco a liberdade que Deus me deu de continuar amando meu marido mesmo com todas as dificuldades. Perco a liberdade de continuar escolhendo amar todos os dias, de manter meu compromisso, e de desfrutar todas as ricas bênçãos de um amor firme.

Então, a ideia de pertencer a uma alma gêmea rouba você de sua liberdade. Ela rouba de você o poder que Deus dá, por intermédio do Espírito Santo, de fazer boas escolhas, escolhas destinadas à glória de Deus. A ideia de uma alma gêmea nos prende. Ela nos amarra a correntes.

Por que, então, somos tão cativados por tal ideia? Creio que é por desejarmos ser amados por alguém que é só nosso, por alguém que realmente se encaixe em como somos. E queremos isso desesperadamente. Ficamos machucados e arrasados, e queremos alguém que se encaixe perfeitamente ao que somos.

No entanto, nenhum ser humano pode nos preencher. Nenhum ser humano pode nos completar. Nenhum ser humano pode dar significado a nossa vida. Se o que esperamos de um romance é realização, cumplicidade e propósito, então acabaremos extremamente decepcionados. Isso corresponde a exigir algo de outra pessoa que ela não tem a menor possibilidade de fornecer.

A boa notícia é que não precisamos abandonar as esperanças. Mas precisamos colocá-las no lugar certo. Deus é muito mais que os seres humanos jamais serão. Isso não significa que Deus irá fazer tudo o que você desejar, nem que você pode moldar Deus segundo o jeito que você espera que ele seja. Mas significa, ao menos, que Deus tem maneiras realmente graciosas de corresponder exatamente ao que somos.

Deus sabe exatamente o que é a necessidade humana e sabe exatamente o que fazer em relação a ela. Deus esteve no mundo conosco. Deus se tornou "carne e viveu entre nós" (João 1:14). O Deus encarnado se ajusta ao que somos com perfeição. Jesus é o Deus aqui para nós, experimentando o que nós experimentamos, lutando nossas lutas. Ele foi tentado. Ele conheceu a necessidade.

Tínhamos a necessidade de ver e de tocar o amor de Deus por nós, e Deus veio a nós como o Jesus visível e palpável. Precisávamos de cura, e Jesus tomou toda nossa sujeira, toda nossa culpa, para nos curar. Precisávamos saber o que Deus era, e Jesus veio para que pudéssemos ver "sua glória" (versículo 14).

Tudo isso é muito mais premente que um romance devorador. Tudo isso alcança a profundeza de nossa existência, para nos tocar como realmente somos.

Para refletir/Para debater

1. Quais são suas histórias românticas favoritas? O que as torna tão atraentes?
2. A quem você pode recorrer para orientação? Espere. Não pule esta pergunta. Espero, se você for jovem, que a resposta possa incluir seus pais, mas, se por algum motivo isso não é possível no momento, pense um pouco. Um amigo da família? Alguém da igreja? Da escola? Da sua rua?
3. A quem você pode dar conselhos? A quem você pode ajudar a enxergar as escolhas que servirão para a glória de Deus?
4. Mesmo que não haja vampiros aqui, como um romance pode se tornar perigoso em nossa vida?
5. Como seria um romance feito para glorificar a Deus?
6. Fale sobre o conceito de alma gêmea. Você acredita ser um conceito problemático? Ele tem muito poder sobre sua vida?

Capítulo 2

Fascinado

Como o amor funciona na saga Crepúsculo

Já falamos sobre amor e vimos como a atração romântica em *Crepúsculo* é governada por uma ideia de que as pessoas têm pouco controle sobre tal evento. Quando se encontra a alma gêmea, é impossível resistir. Assim, quando duas pessoas são unidas por esse processo, qual será a forma assumida pelo amor entre ambas?

Para Bella e Edward, o amor é arrebatador. Bella passa a centrar toda sua vida e todo seu ser em Edward. À luz de seu amor, todo o resto perde a importância. E porque esse amor é tão totalitário, tão avassalador, ele também é um sentimento capaz de destruir. Porque toda a vida de Bella passa a ser Edward, o amor a faz particularmente vulnerável. Sem ele, sua própria existência fica condenada. Ela fará qualquer coisa por ele. Esse amor cativante e potencialmente destrutivo coexiste, não sem alguma tensão, com outros tipos de amor.

Vamos examinar o modo como todos esses tipos de amor funcionam no mundo de *Crepúsculo*. Como são eles? Como são comparados ao amor prometido por Deus?

Amor satélite

O amor assume o controle da vida de Bella e de Edward porque um completa o outro. Um é o motivo da existência do outro.

Edward passara décadas acreditando que "era completo",[1] mas o fato de se apaixonar por Bella prova o contrário. Apesar de seus "pais" e "irmãos" vampiros andarem sempre em casais, ele acreditava não precisar de mais ninguém em sua vida. Por todo um período, pensou estar bem. Porém, como escreve Meyer, por todos esses anos, a vida dele não foi completa. Então, Bella transforma o mundo dele. Bella dá à vida dele o propósito que ele nem sabia existir.

Bella compara sua existência sem Edward a uma "lua perdida", uma lua sem planeta, orbitando "pelo espaço vazio que ficou".[2] É uma imagem poderosa que representa como Edward havia se tornado o verdadeiro centro de sua vida. Ela orbita ao redor dele. A mãe de Bella, Renée, usa uma imagem similar quando expressa preocupação pela intensidade da relação da filha com Edward. "Você se orienta em torno dele sem nem mesmo pensar", diz Renée. "Quando ele se move, mesmo um pouquinho, imediatamente você muda de posição. Como ímãs... ou a gravidade. Você parece um... satélite ou algo parecido."[3]

Renée se preocupa por Bella ter entregado tudo a Edward. Até suas ações e seus pensamentos são apenas respostas ao que faz Edward. Todas as escolhas que faz se baseiam nele. No modo como Renée

---

[1]MEYER, Stephenie. *Crepúsculo*. Rio de Janeiro: Intrínseca, 2009, p. 222.
[2]MEYER, Stephenie. *Lua nova*. Rio de Janeiro: Intrínseca, 2009, p. 148.
[3]MEYER, Stephenie. *Eclipse*. Rio de Janeiro: Intrínseca, 2009, p. 58.

compreende a situação, Edward é a parte dinâmica do relacionamento. Ele é o agente, Bella é o reagente. Bella se torna um *satélite*. Jacob compara o efeito de Edward em Bella com o de um eclipse. Assim como um eclipse bloqueia o sol, impedindo a luz de chegar ao solo, também Edward bloqueia qualquer possibilidade para Bella que não seja estar com ele, pertencer a ele e centrar sua vida nele.

Conforme Bella descreve seu amor por Edward, passamos a ver que ela faria qualquer coisa por ele. Ela acredita que responderia à voz dele sob qualquer circunstância. Ela atenderia seu chamado mesmo que estivesse morta. As palavras e as imagens que ela usa para retratar seu amor refletem uma intensidade incandescente e uma profunda devoção. A vida dela está toda diluída na dele. Para ela, ele é um anjo, um milagre. Bella acredita que Edward é perfeito.

Desse modo, ela fica com raiva e ofendida com qualquer menção de que os motivos pelos quais ama Edward ou o modo com que o ama sejam questionáveis. Ela não admite a interferência dos pais. Ela rejeita a preocupação de Renée, a qual diz que a filha se tornou um satélite, algo periférico que orbita ao redor daquilo que *realmente* importa. Ela também deixa de aceitar os conselhos de Jacob. Jacob pinta Edward como um eclipse, que bloqueia o sol de Bella, e esse não é um retrato que ela deseja, nem pode, negar. A capacidade dela em enxergar alguma coisa que não seja Edward não existe mais. O amor nessa história é o amor de duas pessoas centradas uma na outra. Tanto para Bella quanto para Edward, o outro se torna o centro da própria existência.

Se amar significa tornar-se um satélite, tal amor espera que o outro ser humano seja *digno* de ser orbitado. Nós, cristãos, precisamos refletir sobre a ideia de um amor que admita que outro ser humano seja capaz de nos completar, que possa servir como centro legítimo de nosso mundo. Se acreditarmos que outra pessoa pode nos dar tudo de que precisamos, se acreditarmos que outra pessoa pode dar significado ou propósito a nossa vida, então estaremos apenas nos preparando para uma futura desilusão. Estaremos nos preparando apenas para sair procurando um novo "centro" no instante em que o antigo centro humano nos decepcionar. Nenhum ser humano tem a capacidade de nos preencher.

Todas as pessoas são fracas e limitadas. O amor que sentimos não é por vampiros superfortes e imortais. Amamos seres humanos comuns que têm hábitos desagradáveis e que cometem erros. E o bom de tudo isso é que somos seres fracos, limitados e chatos. Se acreditarmos que o amor consiste em amar alguém que seja digno e que possa nos completar, aprenderemos, primeiro, que nenhuma outra pessoa pode cumprir esse papel.

Também descobriremos que *nós* mesmos não podemos cumprir esse papel. Eu ficaria horrorizada se meu marido tentasse centrar a vida dele em mim. Tenho falhas terríveis; ele ficaria muito decepcionado. Mas fico feliz que possamos amar um ao outro *enquanto* seres humanos fracos e limitados. Apesar de eu ser fraca e irritante, ele me ama. Apesar de ele ser fraco e irritante, eu o amo. Há uma beleza verdadeira nisso. Não podemos ser o centro da vida um do outro. Entretanto, podemos amar um ao outro com segurança em meio a nossas imperfeições. Mas só podemos fazer isso porque Deus é o centro de nossa vida.

Amizade e amor

Não podemos discutir o amor na série *Crepúsculo* sem prestar atenção ao triângulo amoroso formado por Edward, Bella e Jacob. Para a maioria das fãs de *Crepúsculo*, Edward se tornou um símbolo de tudo que uma garota poderia querer. Ele é o amor intenso e lindo pelo qual muitas anseiam. Um contingente menor, porém reivindicante, de fãs, por outro lado, prefere focar as energias em Jacob. Quando os livros ainda não tinham sido terminados e ainda parecia possível que Bella escolhesse Jacob, essas fãs torciam por ele. Elas lamentam a escolha de Bella por Edward, em vez de Jacob.

Apesar dos diversos modos com que o amor funciona no mundo, uma coisa permanece constante: o amor é complicado. Notamos algumas das maneiras com que o amor pode ser complicado conforme a história de Meyer evolui. Quando Edward deixa Bella na tentativa de protegê-la dos perigos do universo vampiresco, o único consolo da garota reside em sua amizade com Jacob Jacob é um amigo da família, que acaba se tornando o melhor amigo de Bella. Ele se faz presente para ela durante toda a depressão e a dor que a acometem quando perde Edward. Juntos, passam longas e felizes horas consertando motocicletas e conversando. Apesar de Jacob ser um lobisomem, ele ainda é um garoto comum, o equivalente ao personagem da garota comum de Bella. Ele é bonito, porém desajeitado. É um líder, mas ainda hesitante. Ele ama Bella. Se Edward é como uma droga para Bella, como Jacob diz, Jacob é algo completamente diferente em sua vida. Ele diz a ela que o fato de se darem bem é natural, que ele não seria como uma droga para ela, mas como ar fresco e luz do sol.

Apesar de acontecer apenas depois de muita negação, Bella por fim reconhece algumas das complicações do amor. Ela se dá conta de que ama tanto Jacob quanto Edward. Ela odeia o fato de que amar os dois acaba machucando a ambos, Jacob em especial. Esse fato leva Bella a uma profunda autodepreciação. Porque acredita que o amor supostamente é arrebatador, uma força irresistível, ela acaba enxergando seu amor por Jacob e por Edward como algo aberrante. Ela se tortura emocionalmente por não ser sincera.

Mas, e se amar duas pessoas diferentes não fosse uma aberração, mas uma situação normal? Quando nos libertamos da ideologia de uma alma gêmea, passamos a enxergar a condição de Bella, presa entre Jacob e Edward, de uma maneira bem diferente que a própria personagem faz quando se autocensura. Se o amor tem a ver com almas gêmeas predestinadas, então Bella está certa. Seu amor tanto por Edward quanto por Jacob é terrível. Mas se o amor tem a ver com escolhas boas e saudáveis para permanecer compromissado com outro ser humano, então podemos ver de modo mais razoável a atração por um Jacob mesmo já tendo compromisso com algum Edward. É normal se sentir atraído por pessoas sedutoras. Não significa ter errado quanto a quem era a alma gêmea. Quando nos comprometemos com uma pessoa, podemos reconhecer a atração pelo que ela é — um reconhecimento de que outra pessoa é boa, bonita. Podemos fazer esse reconhecimento sem que sejamos tentados a agir. Podemos permanecer fiéis àqueles a quem estamos comprometidos, ultrapassando o desejo romântico por outra pessoa e encontrando o caminho para uma amizade real.

O amor pode destruir

Bella abre mão de sua vida — do relacionamento com pais e amigos, até de sua humanidade — para ficar com Edward. A transformação que a muda de humana para vampiro é extremamente dolorosa, mas ela esconde esse sofrimento, e mente sobre ele para seu amado. "Mas quando se ama aquele que vai matá-la", diz Bella, "não restam alternativas. Como se pode correr, como se pode lutar, quando esta atitude magoaria o amado? Se sua vida é tudo o que você tem para dar ao amado, como não dá-la? Quando ele é alguém que você ama de verdade".[4]

Quando o amor por um ser humano se torna o centro de tudo que você é, esse amor adquire o poder de destruir. Bella aprende que o amor pode "despedaçar".[5] Em um período anterior da história, Edward vislumbra todo o perigo envolvido no fato de Bella o amar. Ele sabe que representa uma ameaça para ela, e chega até a admitir um pouco de egoísmo de sua parte: apesar de colocá-la em risco, ele

---

[4]MEYER, Stephenie. *Amanhecer*. Rio de Janeiro: Intrínseca, 2009, p. 13.
[5]*Lua nova*, p. 160.

deseja ficar com ela mais que deseja deixá-la sozinha. Ele descreve a si mesmo como monstro, desumano. E se surpreende que Bella o deseje ainda assim.

Bella e Edward estão dispostos a morrer um pelo outro. Bella toma conhecimento disso desde o começo do relacionamento, quando decide de forma resoluta que quer ficar ao lado de Edward apesar de sua sede constante por sangue. A ameaça de que o amor do casal representa a morte da jovem é retratada com a comparação dele como leão e dela como cordeiro.

Meyer escreve como se Bella e Edward funcionassem como droga um para o outro. Bella é o "tipo preferido de heroína"[6] de Edward. Jacob também compara o papel de Edward na vida de Bella com o de uma droga. O desejo pela pessoa amada é comparado ao desejo por uma substância que vicia, que faz com que os usuários reajam de modo visceral, nada desejando na vida além de possuir e consumir a droga. A metáfora — o amor como uma droga, o amor como tipo de heroína — é sombria. Qual a consequência da heroína? Ela escraviza as pessoas. Torna-se obsessão, compulsão. Os viciados abandonam a família e os amigos, o trabalho, a escola e todas as coisas que costumavam dar felicidade, apenas para obter e fazer uso da droga. Para muitos, a heroína acaba levando à morte.

Edward fica tão horrorizado com o perigo que ele representa a Bella que, em *Lua nova*, acaba abandonando a garota. Com isso ele tenta protegê-la, mas o resultado é que só consegue expô-la a novas formas destrutivas do amor devorador. Quando Edward vai embora, a dor quase aniquila Bella. Ela cai em profunda depressão. Os aspectos saudáveis da vida normal — comida, amigos, família, diversão — não causam nenhum interesse nela quando Edward está longe. Ela para de cuidar de si mesma. Ela se torna negligente e por repetidas vezes flerta com a morte.

---

[6] *Crepúsculo*, p. 197.

Em *Lua nova*, Edward e Bella passam a maior parte do livro afastados, e Edward mostra que ele, também, escolheria morrer em vez de viver sem Bella. Quando acredita que ela está morta, parte para cometer suicídio na Itália, provocando os Volturi. A decisão é imediata, e ele não para nem para refletir sobre a dor que traria à sua família. Não é fácil para um vampiro matar a si mesmo, mas a reação violenta de Edward ao pensamento sobre a morte de Bella faz com que ele deseje sua própria morte sem pensar duas vezes. Ele se dispõe a quebrar as regras de seu universo vampiresco, ameaçando o segredo da existência desses seres, a fim de fazer com que os Volturi o destruam.

Porque o amor que sentem um pelo outro os consome. Bella e Edward ficam vulneráveis, passíveis de serem destruídos. Um arrisca morrer pelo outro. Bella abre mão de tudo, incluindo sua humanidade. Quando Edward reflete sobre o que se tornar um vampiro faria à relação de Bella com Deus, até isso ela entrega a ele. "Não a quero sem você", diz Bella a respeito de sua alma, "Ela já é sua!"[7] Bella está disposta a dar a Edward todo o seu ser — corpo, alma e espírito. Ela arriscaria a separação eterna de Deus em nome de seu amor.

Não devemos enxergar o poder destrutivo do amor entre Bella e Edward com um olhar romântico. À primeira vista, parece emocionante e intenso pensar em amar alguém a ponto de morrer pela pessoa, ou morrer sem a pessoa ao lado. Mas não se deve brincar com a morte. A morte é um inimigo terrível, um monstro que espalha dor sempre que desperta. Pense nos efeitos que sofreria a família de Edward caso ele tivesse sucesso em sua tentativa de suicídio.

Centrar a vida em outro ser humano não significa apenas *arriscar* ter esse centro arrancado, como acontece com Bella quando Edward a deixa. Centrar a vida em outro ser humano *é garantia* de que o centro será arrancado. Nenhum ser humano consegue nem deve ser tudo o que Bella e Edward esperam que o outro seja.

---

[7] *Lua nova*, p. 58.

Amor que não é amor

O amor de verdade pode ser complicado, mas há formas de "amar" que não são amor de modo algum. Quando o amor abusa, quando o amor machuca aquele que é supostamente amado, então o amor *não é* amor. Muitos aspectos do amor de Bella por Edward refletem o relacionamento de muitas garotas e mulheres reais que experimentam um abuso.

O abuso no namoro e no casamento é um enorme problema. Não podemos aceitar nenhuma atitude que tencione mostrar um abuso como normal ou aceitável. Muitas vezes, aquilo que começa como um simples incidente — um tapa, um machucado —, evolui até o relacionamento terminar com um marido ou um namorado violento matando aquela a quem supostamente "amam". Vejamos algumas das principais evidências de um relacionamento abusivo:

- possessividade e ciúmes
- tentativa de controlar o comportamento da parceira
- isolamento dos amigos ou da família
- tendência do homem de ser violento, de perder a calma
- vigilância constante sobre a parceira, vontade de mantê-la sob a vista
- ameaça de suicídio caso a parceira abandone o relacionamento

Quando examinamos a lista acima, fica fácil perceber como a idolatria no amor de Bella e Edward pode se tornar uma desculpa para o abuso. Edward não bate em Bella, mas o relacionamento entre ambos exibe a maioria, se não todas, das características de um relacionamento abusivo. Edward, por exemplo, tenta controlar a liberdade de Bella ir e vir. Ele remove partes do carro de Bella para impedi-la de visitar Jacob, e chega até a vigiar enquanto a garota dorme. O argumento dele, é claro, é tentar protegê-la do perigo; porém, tal desculpa não o faz menos controlador.

A idealização do amor de Bella e Edward é meio caminho para considerar um comportamento possessivo e controlador como comportamento *amoroso*. Na verdade, tal comportamento pode ser tudo, menos amoroso. Ser controlador e ciumento *não* é sinal de amor verdadeiro. É sinal de algo sombrio e perigoso.

Quando penso no paralelo entre relacionamentos abusivos e violentos e o amor da forma como é retratado em *Crepúsculo*, passo a me preocupar mais com o comportamento de Bella e com as coisas que ela diz a si mesma a respeito do amor que com o desejo de Edward de controlá-la.

A saga *Crepúsculo* sugere que o amor de Bella e Edward é um amor verdadeiro. Mas se Bella e Edward forem usados como referência para o amor na vida real, então poderemos acreditar que o amor verdadeiro é bastante semelhante ao amor controlador e abusivo. Correremos o risco de ignorar a bondade do amor gentil, do amor que concede liberdade ao ser amado, do amor que desfruta a vida cotidiana.

Em vez de um amor verdadeiro, vemos que Bella deseja *pertencer* a Edward, independentemente do preço a pagar. Ela se dispõe a interpretar toda sorte de riscos e de ameaças como parte do que significa amar Edward. O cerne dos livros é o desejo de Bella de morrer por ele, e, no fim das contas, tal desejo é atendido.

Diferentes integrantes da família Cullen querem converter Bella de humana para vampira, mas ela deseja que seja Edward a fazê-lo. Vamos analisar as reflexões dela sobre o assunto: "Eu gostava da ideia de que os lábios *dele* fossem a última coisa boa que eu sentiria. (...) eu queria que o veneno *dele* intoxicasse meu sistema. Isso me faria pertencer a ele de uma forma tangível e quantificável."[8] Não sei de que outra forma classificar a passagem a não ser como lúgubre. Ela deseja que ele a destrua. Quando ele por fim a transforma em

---

[8] *Eclipse*, p. 234.

vampira, ela esconde toda a agonia e sofrimento. Ela prefere suportar a dor com um semblante tranquilo para evitar mostrar o quanto Edward a machucou.

A violência durante o namoro é algo muito, muito comum entre os adolescentes. Os jovens são particularmente vulneráveis a relacionamentos abusivos por não terem experiência em relacionamentos, portanto não conseguem dizer se os acontecimentos são normais ou não. Adolescentes também são vulneráveis à influência dos amigos para iniciar um relacionamento, e relutam a compartilhar com os adultos os acontecimentos amorosos. Adultos presentes nas escolas, nos lares e nas igrejas têm a responsabilidade de proteger adolescentes que sofrem qualquer tipo de violência. Se os ideais de amor fazem comportamentos possessivos, ciumentos e controladores parecerem normais, então é preciso mudar tais ideais. Se o entendimento de amor tolera a violência contra garotas e mulheres, então é preciso mudar tal entendimento.

Amor que sacrifica

Faz sentido compreender como poderoso um amor que se dispõe a fazer sacrifícios. Sob muitas perspectivas, vivemos em uma cultura egoísta, em um lugar onde as pessoas geralmente não abrem mão em favor de outro indivíduo. Uma das razões para o fascínio de *Crepúsculo* é que a série retrata um amor diferente do amor frio e egoísta que geralmente vemos. O amor a nós prometido por Deus na Escritura também é um amor que sacrifica, mas o amor sacrificatório da Bíblia é muito diferente do sacrifício aniquilador de Bella.

O sacrifício de Bella para Edward *não* é o mesmo sacrifício poderoso sobre o qual os cristãos aprendem nas Escrituras. O modelo do sacrifício cristão é Jesus Cristo. Em 1 João 3:16, passamos a compreender o que é o amor, pois "Jesus Cristo deu a sua vida por nós", e esse é o modelo pelo qual abrimos mão de nossa vida pelos outros.

Em muitos aspectos, o sacrifício de Bella só parece ter fácil aceitação por ela considerar sua vida algo muito trivial. Em contraste, o sacrifício de Jesus tem significado cósmico por ele ser como Deus. Se ansiamos imitar o sacrifício de Cristo, não podemos desprezar aquilo que estamos sacrificando. Isso é especialmente importante para garotas e mulheres pertencentes a uma cultura que com frequência as sujeita ao abuso e à violência.

O sacrifício cristão, em especial para as mulheres, não trata de aniquilar a vida em nome de um romance. Ele significa compartilhar o amor e a graça de Jesus Cristo. Bella, a despeito dos muitos protestos de Edward, é um exemplo de muitas mulheres que foram aconselhadas a sofrer qualquer coisa em favor de um homem, a aceitar o abuso, a morrer por amor.

Sim, o amor verdadeiro é capaz de sacrifícios, mas o amor verdadeiro não presume que aquilo que acaba sacrificado tenha pouco valor. Ele não busca sentir dor por sentir, nem esconde da pessoa amada a verdade sobre a dor. Assim, o amor verdadeiro é bastante diferente do amor de Bella por Edward. O amor verdadeiro acontece entre duas pessoas de valor, não entre uma garota que pensa não ser nada e um rapaz que ela pensa ser tudo.

Um tipo diferente de amor

O amor em *Crepúsculo* também é fascinante porque é sério. Em nossa cultura egoísta, não vemos muita seriedade no que diz respeito ao amor. Desse modo, ler a saga *Crepúsculo* agrada porque o amor da história é o oposto dos amores vazios que vemos na televisão, nos filmes e na vida. Ele é o oposto do encontro aleatório, do falso amor que cria intimidade em uma noite e que finge nada ter acontecido na manhã seguinte. É claro, desejamos um amor verdadeiro.

Entretanto, o amor sério em *Crepúsculo* não é um amor saudável. Ele tenta estabelecer o centro em outro ser humano, que jamais poderia ser o centro de que precisamos. É um amor aberto ao perigo, e até à violência. Não haverá sorte, então, se desejarmos um amor sério?

Felizmente, haverá sorte. Deus nos provê uma maneira de amar absolutamente arrebatadora e deliciosamente séria. O amor de Deus não é do tipo frio e impassível. Lemos sobre ele em 1 Coríntios 13:

> Ainda que eu fale a língua dos homens e dos anjos, se não tiver amor, serei como o sino que ressoa ou como o prato que retine. Ainda que eu tenha o dom de profecia e saiba todos os mistérios e todo o conhecimento, e tenha uma fé capaz de mover montanhas, se não tiver amor, nada serei. Ainda que eu dê aos pobres tudo o que possuo e entregue o meu corpo para ser queimado, se não tiver amor, nada disso me valerá.
>
> O amor é paciente, o amor é bondoso. Não inveja, não se vangloria, não se orgulha. Não maltrata, não procura seus interesses, não se ira facilmente, não guarda rancor. O amor não se alegra com a injustiça, mas se alegra com a verdade. Tudo sofre, tudo crê, tudo espera, tudo suporta. O amor nunca perece. (1-8)

Esse é um exemplo de amor sério. Esse é um amor que é central. É um amor que é lindo. Ele desafia o egoísmo e a falta de seriedade do "amor" de nosso mundo narcisista, mas o faz de modo diferente do que fazem Bella e Edward. Esse amor não trata de se tornar satélite, orbitando em volta de alguém, mas protege e honra a pessoa amada com toda a sua força. Esse amor não é um amor destrutivo. Esse amor edifica. Esse tipo de amor não depende de outro ser humano para dar significado à vida, mas muito honra à pessoa que amamos.

Podemos ainda refletir sobre uma passagem que fala da magnitude do amor de Deus:

> Pois estou convencido de que nem morte nem vida, nem anjos nem demônios, nem o presente nem o futuro, nem quaisquer

> poderes, nem altura nem profundidade, nem qualquer outra coisa na criação será capaz de nos separar do amor de Deus que está em Cristo Jesus, nosso Senhor. (Romanos 8:38,39)

Decerto ansiamos por amor, mas a boa notícia é que não precisamos procurá-lo desesperadamente em outro ser humano. O amor sério, o amor profundo, o amor real nos foi dado em Jesus, e nada nos pode arrancar dos braços dele. Ele é um centro que jamais decepcionará.

Para refletir/para debater

1. O que você espera do amor?
2. Existe alguma parte de você que sente que o amor "verdadeiro" é ciumento e controlador?
3. De onde retiramos nossos ideais de amor? Da mídia, dos livros, da família?
4. Que aspectos do amor, conforme descrito na Bíblia, são mais atraentes para você?
5. O amor não tolera violência nem abuso. Se você ou alguém que conhece é vítima de violência no namoro ou no casamento, é preciso garantir sua segurança. Converse com um adulto, amigo, pastor, professor ou uma ONG que possa ajudar.

Capítulo 3

Carne e sangue

Abstinência e sexo em *Crepúsculo*

A saga *Crepúsculo* é dominada pela enorme tensão física entre Edward e Bella. Durante toda a história, o desejo sexual de ambos aumenta com crescente intensidade, ainda que eles esperem até a noite do casamento para ceder a tamanho desejo. Alguns leitores cristãos celebram o fato de eles deixarem o sexo para depois do casamento, considerando a história como exemplo de pureza e autocontrole. Mas será que os leitores cristãos de fato podem ser motivados pelas particularidades dessa história?

Convivendo com a tensão

A saga *Crepúsculo* se estende por muitas páginas, e a grande maioria delas relata a tensão sexual entre Bella e Edward. Apesar de eles não fazerem sexo até depois do casamento, no quarto livro, não significa que os primeiros três livros não tratem de sexualidade. O drama presente nos livros se apoia na intensidade da reação física de um com o outro. Os livros estão carregados de sentimentos sexuais, e o efeito resultante dessa carga elétrica é aumentado pela ansiedade — em Bella, Edward e no leitor — criada pela opção de esperar.

Meyer, obviamente, não é a primeira autora a escrever histórias sobre vampiros, e as ficções vampirescas sempre foram carregadas de sexualidade. Em *Drácula*, de Bram Stoker, o vampiro ameaça uma garota inocente, sua pureza e sua bondade. Como em *Drácula*, a profunda sede que Edward sente pelo sangue de Bella é uma metáfora para seu intenso desejo por ela. "O que é mais tentador para você", diz Bella, provocando Edward, "meu sangue ou meu corpo?"[1]

Meyer empresta ao tema clássico dos vampiros algumas nuances interessantes. Primeiro, a luta de Edward contra esse desejo é retratada de forma bastante dramática. Ele não se parece com vampiros de outros romances porque não quer ser um assassino, e pretende proteger a inocência da garota que ama. Ele luta consigo mesmo por representar uma ameaça a Bella. Ao lermos os livros, é possível sentir o quanto Edward deseja mordê-la. Sentimos o perigo envolto em tal desejo mesmo compreendendo a determinação dele em lutar contra sua vontade. Em segundo lugar, Bella corresponde plenamente aos desejos de Edward. Não é apenas ele que a deseja. Ela é uma garota moderna, e não se envergonha por também desejá-lo.

Bella e Edward invertem alguns estereótipos. Ela é a parte da relação que com frequência pede por mais, a parte que avança sobre os limites. Edward restabelece esses limites vez após vez. A escolha por esperar pelo sexo depois do casamento parte de Edward, não de Bella. Edward risca as fronteiras; Bella tenta apagá-las.

---

[1]MEYER, Stephenie. *Lua nova*. Rio de Janeiro: Intrínseca, 2009, p. 45.

Edward tem de constantemente policiar seus desejos e seu comportamento por conta da maneira com que o sangue de Bella o atrai. Ao chegar perto de Bella, Edward "hesitou para se testar, para ver se era seguro, para se certificar de que ainda tinha controle de suas necessidades".[2] Só então ele a beija. A sexualidade dele está inebriada pelo perigo. Edward tem de manter o autocontrole a todo momento, ou deixará de ser o bom vampiro que Meyer criou para se tornar o monstro ameaçador de outras histórias de vampiros.

Bella, no entanto, tem pouca responsabilidade sobre seu próprio autocontrole. Todo o trabalho duro fica com Edward. Dar um beijo nele é irresistível. Ela esquece o perigo e diz que sua "vontade virou pó no segundo em que nossos lábios se encontraram".[3] Ele se perturba por ela desafiar o controle dele, e a castiga por fazê-lo sofrer ao recusar os pedidos dela. Em certo momento, ele tem de pedir que ela pare de tirar a roupa.

Bella e Edward podem "esperar" pelo sexo na maior parte da história, mas ler o romance ainda é uma experiência bastante erótica. Edward diz a Bella: "Só porque estou resistindo ao vinho, não quer dizer que não possa apreciar o buquê."[4]

Recompensa postergada

Por conta de seu compromisso com os valores da fé mormonista, Meyer declarou publicamente que jamais escreverá sobre sexo pré-nupcial. Na saga *Crepúsculo*, Bella e Edward esperam para ter sexo por várias razões. Edward, no fim das contas, pertence a outra época. Ele se prende à moralidade fora de moda que carrega do passado

[2]MEYER, Stephenie. *Crepúsculo*. Rio de Janeiro: Intrínseca, 2009, p. 207.
[3]*Lua nova, p. 364.*
[4]*Crepúsculo, p. 224.*

aos dias de hoje desde que fora congelado em seu corpo perfeito de 17 anos. A moralidade do século XXI pode não ter muita paciência com a prorrogação do prazer sexual, mas Edward se mantém firme a seus valores arcaicos. Ele diz a Bella: "Roubei, menti, cobicei... Minha virtude é tudo o que resta."[5]

Ao lermos os livros, participamos do desejo de Bella e de Edward um pelo outro. Para pessoas que cresceram com valores da atual cultura dominante, a história de anseio e de espera do casal é surpreendente. Em um mundo onde é raro esperar pelo prazer, Edward e Bella representam uma maneira fora dos padrões de se gostar de alguém. Em um mundo onde a responsabilidade pela espera e pelo autocontrole é quase sempre atribuída à mulher, ler sobre um homem que voluntariamente abandona seu egoísmo para praticar a abstinência é surpreendente e intrigante.

Já para as pessoas que foram criadas em comunidades que ensinam a abstinência sexual fora do casamento, essa história de esperar pelo sexo enquanto se convive com uma intensa ansiedade é bastante familiar e estranhamente contemporânea. Em tais comunidades, há uma tensão sexual abundante. Os cristãos comprometidos em poupar o sexo para o casamento experimentam a dificuldade que advém de esperar e acabam reconhecendo a si mesmos em Edward e Bella. Essas comunidades também estão repletas de pessoas que sabem bem o que é frequentemente forçar os limites e ter a tensão sexual aumentada conforme a experiência do sexo é postergada. A tensão elevada difundida entre a juventude cristã comumente se reflete na pergunta: "Até onde é ir longe demais?", e no modo com que os casais cristãos que "esperam" muitas vezes empurram os limites até um ponto de ruptura.

---

[5]MEYER, Stephenie. *Eclipse*. Rio de Janeiro: Intrínseca, 2009, p. 325.

Essa é uma das razões pelas quais devemos ter cuidado em rotular a saga *Crepúsculo* como uma história que fornece um exemplo positivo para as pessoas comprometidas com a abstinência sexual e com a pureza. Apesar de Edward e Bella esperarem pelo casamento, essa espera é semelhante à de muitos cristãos. Ao mesmo tempo em que esperam, ambos permitem que a tensão entre eles aumente. Há um incentivo para que a tensão aumente. Eles forçam acordos e limites, e criam situações em que sempre desejam mais do que podem ou deveriam ter. E é dessa forma que muitos casais cristãos esperam, lançando-se em toda sorte de brincadeiras sexuais, ao mesmo tempo em que se esforçam desesperadamente para deixar o coito para o casamento.

Muitas coisas no relacionamento de Bella e Edward estimulam o desejo ansioso em vez de evitar a tentação. Eles se isolam de pessoas que possam ajudá-los. Bella não quer discutir sobre sexo com seus pais. A família de Edward decerto se alegraria em ajudá-lo na luta pelo autocontrole, mas o casal se isola de todo suporte possível dos amigos e da família. Muitas vezes, eles ficam sozinhos e passam várias noites a sós no quarto de Bella. Esse tipo de isolamento e a falta de suporte é a receita para a tentação.

Nós, cristãos, precisamos repensar nossos modelos de namoro e de espera. Em vez de fazer um esforço desesperado para segurar, precisamos encontrar meios de nos proteger das tentações criadas pelo tipo de espera em que mergulham Bella e Edward. Esperar em meio à tensão só torna a espera ainda mais difícil, e, francamente, essa situação muitas vezes resulta no desperdício de todo o esforço. Precisamos pensar em maneiras de praticar a abstinência sexual fora do casamento de modo a não sofrermos com o tipo de ansiedade elevada que marca o relacionamento de Bella e Edward antes do casamento. Em vez de perguntar: "Até onde é ir longe demais?", precisamos ser responsáveis uns com os outros, incentivando mutuamente o viver de forma verdadeira a história de bondade e de fidelidade que Deus nos deu para ajudar a compreender a sexualidade.

Fidelidade

Bella e Edward não têm motivos muito convincentes para sustentar o esforço de esperar pelo sexo. Edward espera por ser "conservador". Mas duvido que esse motivo seja suficiente para sua imaginação. Pode ser legal pensar sobre esses valores cavalheirescos e conservadores, mas, face o desejo, não acredito que apenas querer ser cavalheiro ajudará alguém a resistir à tentação sexual.

Os cristãos têm razões muito mais coerentes que serem conservadores para insistir que o sexo pertence ao casamento. A crença cristã de que o sexo pertence ao casamento não é explicada por sermos conservadores. Acreditamos que o sexo pertence ao casamento porque Deus planeja coisas boas para nós. A sexualidade é parte da poderosa história de fidelidade de Deus a nós, seu povo. Deus é fiel a Israel. Cristo é fiel à igreja.

Bella chega muito perto desse conceito quando reflete sobre o sexo depois de seu próprio casamento: "Como as pessoas faziam isso — engoliam todos os medos e confiavam tão implicitamente em alguém, com toda a imperfeição e o medo que tinham —, com menos do que o compromisso absoluto que Edward me dera?"[6] Na concepção de Bella, o conhecimento, a confiança e o comprometimento é que tornam possível o sexo. Ela reconhece a intensa vulnerabilidade que compõe a sexualidade e percebe que seu casamento com Edward e que o "compromisso absoluto" de um com o outro é que criam um contexto seguro e confiável para esse tipo de vulnerabilidade. Bella deixa implícito que o sexo não teria sido bom fora do casamento, dando a entender que a pureza sexual é um dom.

Os cristãos também acreditam que o sexo é próprio do casamento porque o casamento deve ser uma bela reflexão do amor e da

---

[6]MEYER, Stephenie. *Amanhecer.* Rio de Janeiro: Intrínseca, 2009, p. 72.

fidelidade de Deus para conosco. Em muitas passagens das Escrituras, a fidelidade sexual no casamento é usada como exemplo do modo com que Deus nos ama. A história de Oseias nos ensina sobre a fidelidade de Deus ao mostrar um exemplo de infidelidade. Deus ordena que o profeta Oseias se case com uma prostituta. Oseias toma "uma mulher adúltera e filhos da infidelidade, porque a nação é culpada do mais vergonhoso adultério por afastar-se do Senhor" (Oseias 1:2). Oseias se casa com Gômer, e o amor fiel que tem por ela, mesmo face à infidelidade da esposa, é o retrato vivo do amor redentor de Deus. Oseias ama sua esposa infiel do mesmo modo com que Deus nos ama, ainda que busquemos toda sorte de coisas que não são Deus. Apesar de sermos infiéis, Deus promete amor e misericórdia a nós.

Nessa história, os seres humanos são a parte infiel, enquanto Deus é leal e verdadeiro. No entanto, Deus não espera que permaneçamos fiéis. O poder transformador de Deus permite que tenhamos uma vida diferente, e o casamento cristão e fiel é uma imagem desse modo de vida. Ao olharmos para a representação do amor de Deus que vemos na história de Oseias e Gômer entendemos que esperar pelo sexo depois do casamento não é uma regra arbitrária. Pelo contrário, trata-se de uma bela imagem da fidelidade que Deus demonstra em relação a nós e de como Deus pode nos transformar em pessoas que refletem a maneira fidedigna dele de amar.

Em um mundo de infidelidade, a fidelidade é uma incrível testemunha de quem Deus é e do que Deus pode fazer. Vivemos em um mundo em que precisamos fazer escolhas o tempo todo. Será que quero os sapatos azuis ou os sapatos cinza? Pizza de calabresa ou vegetariana? É melhor assistir à aula de química avançada ou me divertir na aula de artes? Fazemos infinitas escolhas, e incentivamos até as crianças pequenas a expressarem suas preferências sobre os mais variados assuntos. Elas podem escolher batatas fritas ou frutas, por exemplo, para acompanhar a refeição do restaurante *fast food*. Podemos atualizar a lista de "favoritos" no *Facebook* com frequência, ou podemos mudar a ordem da lista do que pretendemos escolher na Blockbuster.

Apesar de ser difícil para alguém que sempre teve muitas possibilidades de escolha imaginar, nem toda sociedade cria tamanha pressão por uma opção. Quando morei no Quênia, lembro o olhar confuso no rosto de uma amiga quando perguntei a ela qual era sua comida preferida. Em uma vila onde quase todo mundo comia milho e feijão em noventa e nove por cento do tempo, minha pergunta não fazia o menor sentido. Comida, para essa amiga, não era uma questão de preferência. Ela não queria saber sobre minha comida *preferida*, mas sobre qual era a *base* alimentar de onde eu vinha. Para ela, a comida era relacionada à sobrevivência, não à escolha. O mundo dela não incluía a pressão diária para fazer escolhas e optar pelos favoritos, decerto ela não teria descrito a si mesma por meio de sua comida, ou banda, ou marca de jeans prediletas.

Mas nem todas as escolhas que temos de fazer em nossa cultura são ruins — elas podem ser bastante divertidas. Mas viver em um mundo com possibilidades infinitas acaba criando certo padrão. Acreditamos que somos o que escolhemos, e ficamos sempre à procura de uma escolha diferente, uma escolha melhor. Somos livres para sermos volúveis, para desejar a mais recente atualização. Temos a total propensão a escolher como nova comida favorita aquilo que hoje parece mais suculento que o alimento de ontem.

Isso significa que vivemos uma cultura onde ser fiel não é algo a que estamos particularmente acostumados. Ficamos acostumados a mudar para qualquer coisa que seja mais nova e melhor, sem criar laços afetivos com o que era velho e bom. Ficamos habituados a escolhas consumistas, e não é nada trabalhoso escolher uma nova comida preferida ou um novo filme favorito, como não o é escolher uma nova pessoa preferida para amar.

E as pessoas, com efeito, escolhem novos favoritos. A fidelidade ao amor de alguém é algo raro em nosso mundo. Muitos casamentos acabam em divórcio. Muitas pessoas pulam de amor em amor conforme vivem.

Em um mundo como esse, a fidelidade é uma testemunha dramática da beleza do amor de Deus. E não fazer sexo com quem você não é casado é um tipo especial de fidelidade. Ao praticar a pureza sexual fora do casamento, os cristãos realizam uma enorme afirmação sobre o que significa a fidelidade dentro do casamento.

Em Efésios 5, Paulo fala sobre o "mistério" no qual a união entre marido e mulher é como imagem da união entre Cristo e a igreja. Um pouco antes, no mesmo capítulo, Paulo pede que seus leitores "sejam imitadores de Deus (...) e vivam em amor, como também Cristo nos amou e se entregou por nós como oferta e sacrifício de aroma agradável a Deus" (versículos 1,2). Uma parte de viver a vida de Deus envolve a lembrança que, entre o povo de Deus, "não deve haver nem sequer menção de imoralidade sexual como também de nenhuma espécie de impureza e de cobiça; pois essas coisas não são próprias para os santos" (versículo 3). A pureza sexual e a fidelidade são dons que Deus nos deu, os quais são exemplos poderosos de como podemos imitar o amor de Deus neste mundo.

Fim da espera

Em *Amanhecer* as tensões da saga finalmente se resolvem. Bella e Edward se casam na casa da família dele. É um casamento de contos de fadas, com Bella usando um vestido de casamento antiquado para se ajustar aos gostos conservadores de Edward. Sabemos que o casamento significa que Edward finalmente irá transformá-la em vampira. Ela irá se tornar "igual".

No entanto, antes de mais nada, ela quer consumar o casamento enquanto ainda é humana. Apesar de, por toda a história, ter desejado deixar para trás sua humanidade, Bella não quer abrir mão do sexo como uma experiência humana. Ela casa com Edward enquanto ainda é humana e decide passar a noite de núpcias como noiva humana. Uma vez que os vampiros de Meyer são absurdamente fortes, tal plano passa a ser bastante perigoso.

O relato da noite de núpcias é memorável. Meyer evita dar os detalhes físicos, mas isso não significa que a narrativa não atraia o leitor. A noite de núpcias é retratada com profunda intimidade e enorme intensidade. Noiva e noivo estão nervosos, e somos lembrados da humanidade e da fragilidade de Bella quando ela pede um tempo para se limpar depois da longa jornada até o paraíso da lua de mel. Edward concede o tempo a ela de maneira provocativa: "Não demore *muito*, Sra. Cullen."[7] Em vez de dar os detalhes do que acontece depois, Meyer conta aos leitores que Bella sente como se sua pele estivesse em chamas e que Edward, em um esforço para controlar a intensidade do momento, morde um travesseiro e destrói a cabeceira da cama. Quando acordam na manhã seguinte, o quarto está repleto de penas do travesseiro destruído.

Edward fica aterrorizado ao descobrir que sua noiva fora machucada. Ela faz pouco dos machucados que cobrem seu corpo, mas Edward fica bastante irado consigo mesmo por ter concordado com tal plano. "Você esperava por *isso*, Bella?", diz ele, aos berros. "Estava prevendo que eu ia machucá-la? Estava pensando que seria pior? Você considera a experiência um sucesso porque pode sair dela andando? Nenhum osso quebrado... isso corresponde à vitória?"[8]

O marido de Bella se recusa a dividir a cama com ela, com medo de machucá-la mais. Novamente vemos Bella pedindo mais. Ela insiste, e ele enfim se rende. O sexo é algo tão poderoso que ambos ignoram o perigo. O sexo é retratado como íntimo, intenso e perigoso. Edward

---

[7] *Amanhecer*, p. 71.
[8] *Amanhecer*, p. 78.

tem razão ao temer que Bella se machuque. Deus tenciona que o sexo seja amoroso e mútuo, nunca uma experiência violenta.

Se você, como muitos leitores, acredita que essas cenas são excitantes, talvez seja por ser parte de uma poderosa tradição cultural em que o sexo é visto como perigoso, especialmente para as mulheres, e em que a excitação e a intensidade do sexo é aumentada pela sensação de perigo. Temos de rejeitar essas mentiras. O sexo é excitante — não por causa do perigo, mas por ser um presente de Deus.

Em um casamento no qual marido e mulher se comprometem com o mandamento de Jesus de amar ao próximo como a si mesmo, o sexo não pode ser uma ameaça para a esposa. Seria extremamente vergonhoso se essa história da noite de núpcias servisse para glorificar o sexo violento ou para sugerir que o sexo deve envolver perigo se quiser ser intenso e excitante. Tal pensamento desonra um presente que Deus planejou para o bem, transformando-o em algo doloroso.

Mais adiante em *Amanhecer*, o relacionamento sexual de Edward e Bella continua a mostrar ao leitor a intensidade e a excitação entre eles. Depois que Bella se torna uma vampira, seu contato físico com Edward deixa de representar um perigo. O sexo humano, ao que parece, não é nada comparado ao sexo dos vampiros. Bella reflete que "não parecia que um dia fosse chegar a um ponto em que pensasse: *Agora já chega por hoje*. Eu sempre iria querer mais".[9] Como não precisam dormir, vampiros têm tempo livre de sobra. Os outros casais da família Cullen passam as noites fazendo sexo. A falta de uma parceira antes de Bella explica por que Edward tinha tanto tempo para estudar e praticar piano. Emmett, irmão de Edward, provoca Bella e Edward por não terem sido selvagens o suficiente para reduzir a casa a pó. O sexo dentro de um casamento entre vampiros equivale ao prazer sem fim.

---

[9]*Amanhecer*, p. 369.

Um bom presente

Sexo é um bom presente de Deus. No Antigo Testamento, o livro do Cântico dos Cânticos usa de linguagem erótica para falar sobre o amor entre Deus e o povo de Deus, e entre o amor entre seres humanos. No Cântico dos Cânticos, o amor sexual é retratado como belo e feliz. A estudiosa da Bíblia Ellen Davis acrescenta que o livro mostra o amor sexual do homem "em plena reciprocidade e em igualdade de condições".[10] O sexo não é descrito como algo perigoso. Não se trata de uma pessoa exercendo poder sobre a outra. Ao contrário, trata-se de uma entrega que tem duas vias.

Em anos recentes, as igrejas têm feito enorme esforço para lembrar às pessoas que o sexo não é algo ruim. Em um mundo cheio de pecado, o sexo geralmente é associado a problemas: as pessoas fazem sexo com quem não deveriam, nos momentos mais inapropriados, de formas que não refletem o amor mútuo e a entrega pessoal. Mas o fato de o sexo vir acompanhado de problemas em um mundo pecaminoso *não* significa que ele é ruim. Sexo é um dom de Deus, criado por Deus, para os propósitos de Deus. Ele é testemunho da fidelidade e do amor de Deus ao mundo. Ele une casais, aumenta a proximidade, a intimidade e a diversão entre eles. É o meio por que Deus nos permite trazer filhos ao mundo. As igrejas têm tentado recuperar a verdade de que o sexo é um bom presente de Deus de modo a libertar as pessoas do pensamento que, de algum modo, tal dom seria vergonhoso. As pessoas casadas têm sido incentivadas a desfrutar a plenitude desse dom.

O sexo é um presente muito bom, mas ele não é, também para Bella e Edward, apenas ligado ao prazer sem fim. Edward e Bella acatam esse prazer, é certo, mas, no fim das contas, a sexualidade deles se resume a um e a outro. Vejo o mesmo acontecer a muitos cristãos

---

[10]DAVIS, Ellen F. *Getting Involved with God:* Rediscovering the Old Testament. Cambridge, MA: Cowley Publications, 2001, p. 68.

que decidem esperar até o casamento para desfrutar os prazeres da sexualidade, mas que então veem o sexo como sendo, essencialmente, prazer pessoal.

Fico feliz que seja dito aos cristãos que o sexo é um dom de Deus, mas temo pelas pessoas que imaginam o casamento como uma festa de infinito prazer. O sexo na saga *Crepúsculo* se ajusta à fantasia de que o casamento não passa de indulgência ilimitada. Mas, se acreditarmos nessa fantasia, se acreditarmos que o sexo depois do casamento deve se parecer com o que é para os vampiros da saga *Crepúsculo*, então acabaremos atingidos em cheio e atordoados com as experiências da realidade do comprometimento e da vida cotidiana. O sexo no casamento consiste na inevitável troca entre duas pessoas cheias de pecado que tentam amar e ser fiéis uma à outra, mesmo enfrentando diversas dificuldades. Temo pelos futuros jovens pais cristãos, treinados para esperar por um casamento de pura sensualidade, sendo que os bebês os acordarão no meio da noite, deixando-os cansados e acabados. Temo pelos jovens casais que terão de lidar com a perversão sexual ou o trauma de um abuso passado, situações que tornam muito difícil desfrutarem as delícias do sexo conjugal. O sexo no casamento é de fato um belo presente, mas não é tudo na vida do casal.

Mesmo no casamento, é muito fácil o sexo se tornar egoísta. Não obstante, Deus criou o sexo para que funcionasse contra nossa tendência ao egoísmo. Na melhor das possibilidades, o presente da sexualidade dado por Deus envolve a pessoa e a afasta de seu egoísmo. Sexo não deve ser uma indulgência ao egoísmo. Ele deve ser sobre ajudar duas pessoas casadas a prestar atenção uma na outra, em vez de viver pensando apenas em si. Para um casal que espera que o casamento seja centrado em Jesus Cristo, a sexualidade deve afastá-los da tentação de se importar apenas consigo mesmo, levando a amar e a servir a Deus. O sexo é um bom presente de Deus, mas não se trata apenas de satisfação própria. A sexualidade tem como propósito a glória de Deus.

Para refletir/para debater

1. Você tem alguém com quem possa falar de forma honesta sobre como a "espera" pelo sexo funciona com você e com seus amigos? Como descobrir maneiras de esperar que não aumentem a tentação?
2. Descreva o amor fiel de Deus. Como a pureza sexual pode ser um testemunho da fidelidade de Deus?
3. Reflita sobre os sentimentos de Bella acerca da relação traçada entre a intimidade vulnerável e o comprometimento durante a vida. Como a intimidade sem compromisso pode causar dor?
4. Você concorda que a fidelidade é rara em nossa cultura? Quem você pode apontar como exemplo de fidelidade em sua vida?
5. Quais são suas expectativas, seja você casado ou não, sobre o sexo no casamento? Você espera pela perfeição? Você vê o sexo como temível ou vergonhoso? Quais são os aspectos favoráveis da vida conjugal que são diferentes das imagens de sexo intenso e infinito que vemos nos filmes com vampiros casados?
6. Quais são as mensagens que você obteve sobre sexualidade da igreja, de sua família, de seus amigos e da sociedade em geral? O sexo é visto como algo bom ou como algo vergonhoso?

CAPÍTULO 4

O super-herói e a garota comum

Papéis sociais de gênero em Crepúsculo

A SAGA *CREPÚSCULO* TRAZ CONCEITOS interessantes sobre o que significam o masculino e o feminino. Ela está repleta de personagens que representam homens e mulheres ideais e não tão ideais assim, desafiando algumas de nossas convicções sobre o que é o masculino e o que é o feminino. Ela ainda reforça alguns estereótipos sobre esses mesmos conceitos.

As questões que já discutimos — romance, amor e sexualidade — estão intimamente ligadas a ideias sobre o que significa ser homem ou mulher. Muitos dos problemas que surgem a partir das crenças sobre romance, amor e sexualidade estão ligados a ideias sobre os papéis sociais de gêneros, que em si já são complicados. Leitores e leitoras da saga podem se enxergar em todos os personagens da série, e é muito fácil fazer comparações sobre si mesmo ou sobre outras pessoas pelos padrões retratados nos livros.

Bella é a heroína que é uma garota comum. Ela é competente, mas cheia de dúvidas sobre si mesma. Edward é seu protetor indestrutível. O que esses personagens dizem sobre ser homem ou mulher?

Uma garota comum

Alguns leitores se identificam com Bella por ela ser uma garota igual a tantas outras. "Sou absolutamente comum", insiste Bella, "Bom, a não ser pelas coisas ruins, como todas as experiências de quase morte e por ser tão desastrada, o que me torna praticamente incapaz".[1] Muitos de nós podemos nos ver nos sentimentos dela. Ela é comum, normal, nada demais. Ao mesmo tempo, ela lamenta suas fraquezas. Ela é notavelmente atabalhoada e sofre repetidos acidentes.

Há dois lados em Bella — ela é forte e fraca. Por um lado, ela é mais competente que a média. Consegue cuidar da casa melhor que muitos dos adultos que conheço, e tem uma extraordinária autoconfiança. Por outro lado, sua falta de jeito e pouca capacidade de julgamento se unem criando situações das quais muitas vezes precisa ser resgatada. No geral, Bella é muito mais consciente de sua fraqueza que de sua força. O aspecto mais óbvio de seu caráter é que ela faz pouco de si o tempo todo.

A consciência que tem sobre sua falta de jeito faz com que ela não dance — ela fica apavorada só de pensar na formatura. Na maioria das vezes, procura não chamar a atenção em nada, temendo que essa atenção apenas sirva para ressaltar suas fraquezas. Apesar de sua forte ligação com Edward ser o principal motivo por decidir se tornar uma vampira, ela também se atrai pela vida vampiresca por conta da promessa de superação de todas as suas fraquezas humanas. Em *Lua*

---

[1]MEYER, Stephenie. *Crepúsculo*. Rio de Janeiro: Intrínseca, 2009, p. 156.

Nova, ela explica que "mais do que tudo, eu queria ser feroz e mortal, alguém com quem ninguém se atrevesse a mexer".[2]

Apesar de os sentimentos de Edward por Bella serem inegavelmente fortes e apesar de amá-la profundamente, ele também tende a focar na fragilidade dela. Em parte, isso se deve menos por Bella em si e mais pelo fato de ele ter se apaixonado por um ser humano, e, para ele, ser humano equivale a ser fraco. Assim, Edward dá ênfase aos defeitos de Bella, como nas vezes em que ela se vê em perigo por ser humana. No entanto, não é apenas o fato de ser humana que faz Bella vulnerável. Edward concorda com a avaliação de Bella sobre si mesma — ela tem uma tendência própria a correr riscos. Então, Edward age como um protetor porque, como diz, Bella é "uma daquelas pessoas que atrai acidentes feito um ímã".[3] Edward ainda acredita que Bella é vulnerável por ser muito desejável. A atração dela a faz alvo dos problemas. Edward tenta provocar as visões negativas que Bella tem de si, mas é provável que a proteção e a preocupação exageradas que dominam os sentimentos dele se somem à noção dela de não ser muito forte. Como leitores, acreditamos que Bella é uma garota comum porque ela nos diz que isso é verdade. Mas também acreditamos que essa é a principal característica que conhecemos sobre ela; ou, dizendo de outra maneira, seu personagem acaba sendo pouco caracterizado. Como Bella, todos temos virtudes e defeitos, e tendemos a simpatizar com as preocupações e com as fraquezas dela.

Garotas extraordinárias

Rosalie e Alice, as lindas irmãs de Edward, representam para Bella um contraste com sua própria mediocridade. Alice e Rosalie são equilibradas, lindas, talentosas e poderosas. Bella vê a si mesma como desa-

---

[2]MEYER, Stephenie. *Lua nova*. Rio de Janeiro: Intrínseca, 2009, p. 189.
[3]*Crepúsculo,* p. 87.

jeitada, comum, medíocre e fraca. As irmãs vampiras são de tal beleza feminina que vai além do que qualquer modelo de capa de revista poderia querer ser.

No que diferem de Bella, os personagens de Alice e Rosalie dão corpo a diferentes aspectos sobre o que significa ser mulher. Se Bella é a garota comum e autodepreciativa, Alice e Rosalie são diferentes ideais de uma garota, ideais que Bella nem sonha atingir.

As relações de Bella com Alice e Rosalie divergem bastante. Quase desde o início, ela e Alice se consideram como irmãs e criam uma amizade íntima. Em oposição, a relação entre Bella e Rosalie é repleta de tensão.

Alice é baixa, morena e impetuosa. Ao contrário da maior parte dos membros da família Cullen, Carlisle não a transformou em vampiro. Alice lembra muito pouco sua vida humana. Seu passado triste e obscuro inclui ter sido enclausurada em um manicômio por conta de suas premonições — o talento humano que acabaria se tornando dom depois de virar vampira. Ela fora mordida pelo chefe do manicômio, mas acabou abandonada à sua própria sorte para se criar como vampira. Desejando algo diferente da violenta vida vampiresca, ela encontra seu parceiro Jasper, e, juntos, passam a integrar a família Cullen. Como acontece com muitos vampiros da saga *Crepúsculo*, alguns talentos presentes na vida humana acabam herdados na vida vampiresca, sendo fortalecidos como um dom único. O dom de Alice é a habilidade de poder prever o futuro. Não é uma habilidade livre de falhas, porque o futuro muda conforme as decisões das pessoas, mas é um dom que traz enormes vantagens à sua família.

Alice se diverte com atividades tipicamente femininas — compras, moda e festas — e ela está decidida a desfrutar dessas atividades em sua amizade com Bella, ainda que elas não sejam os programas preferidos de Bella. Alice planeja festas extravagantes e cuida da realização do casamento de Bella. Depois do casamento, ela cuida para que o guarda-roupa da noiva seja um sonho.

Ela se torna uma irmã bastante receptiva para Bella. Alice se faz notar na diversão e nas confidências, e também é inacreditavelmente poderosa. Alice é vital no resgate desesperado de Edward quando ele tenta se destruir em *Lua nova*. Ela também usa seu dom e sua força para exercer um importante papel na salvação de Edward, Bella e de toda a família Cullen na luta final contra os Volturi em *Amanhecer*.

Rosalie era uma humana maravilhosamente bonita, e sua beleza foi herdada e aumentada em sua vida vampiresca, tornando-se de uma beleza atordoante. Desde o começo da história ela é hostil com a Bella, e muitas vezes expressa sua desaprovação pelo relacionamento de Bella com o irmão. Em *Lua nova*, ela é responsável por enganar Edward a respeito da morte de Bella, o que resulta na jornada fatal do irmão para a Itália.

A parte humana da biografia de Rosalie é triste, já que vivia uma vida fútil, sendo mimada e cortejada por sua beleza. Enquanto se sentia atraída pela vida de uma amiga cujo relacionamento amoroso incluía um marido e um filho, em sua própria vida estava noiva de um homem que a valorizava apenas por sua beleza. Certa noite, o noivo cruel e seus amigos a espancam e estupram. Carlisle a encontra à beira da morte e a transforma em vampira. A bela vampira Rosalie se vinga de seus opressores, causando a morte de todos, porém sem beber uma gota de sangue.

Até conhecermos sua história pessoal na saga, Rosalie é uma personagem antipática — de uma beleza fria e desapiedada. Porém, a revelação de seu passado também traz à tona algumas de suas motivações. Ela deseja, acima de tudo, proteger sua família, e vê Bella como uma ameaça à segurança de todos.

Depois, confrontada com a firme resolução de Bella de se tornar uma vampira, Rosalie fica brava com a escolha dela. "Você já tem *tudo*", Rosalie diz a Bella, "Tem toda uma vida pela frente... Tudo o que eu quero. E quer *jogar tudo fora*. Não entende que eu trocaria qualquer coisa que tenho para ser você? Você tem a alternativa que eu não tive e está tomando a decisão *errada*!"[4] Rosalie se lamenta pela futilidade e pela tragédia de sua vida humana. Ela deseja que os humanos experimentem relacionamentos verdadeiros e amorosos, acima de tudo na maternidade.

Alice corporifica os ideais femininos de vivacidade, energia e feminilidade. Ela é a irmã e a amiga perfeita, é incrivelmente poderosa e não tem medo de usar sua força. Rosalie encarna outros aspectos do que significa ser uma mulher ideal. A feminilidade dela é mostrada no compromisso com a família e em seu desejo de ser mãe. Para Bella, ambas são ideais impossíveis, imagens do tipo de garota perfeita que ela jamais conseguirá ser. Como retratos de o que ser uma mulher significa, Bella, Alice e Rosalie representam diferentes facetas dos ideais de nossa cultura. As três personagens reforçam alguns estereótipos ao mesmo tempo em que questionam outros.

O significado da vida de uma garota

Apesar de Bella ser uma heroína "comum", ela desafia muitos estereótipos que definem o agir feminino. Alice ama roupas e festas, e Rosalie concentra seus sonhos em casamentos e filhos. Bella é uma garota do tipo que usa camiseta e calça jeans, a quem foi ensinado que focar todos os sonhos em um casamento com o Príncipe Encantado pode ser muito perigoso.

No entanto, de modo muito preocupante, Bella se encaixa em alguns outros estereótipos sobre o que é ser mulher: ela se dispõe a se anular em nome de Edward. Sua vida acaba suplantada por completo pela dele, e ela não tem qualquer interesse ou *hobby* que não sejam ligados a ele. Ir para uma faculdade é um plano B para ela; é um

---

[4]MEYER, Stephenie. *Eclipse*. Rio de Janeiro: Intrínseca, 2009, p. 126.

objetivo distante e secundário em relação ao que ela realmente quer — um futuro que seja todo sobre Edward.

De certo modo, isso acontece no livro para permitir que muitos leitores se identifiquem com Bella. Se a principal característica que conhecemos da personagem é que ela se importa com o amor, então quase todos podem se imaginar no lugar dela. Caso fosse uma personagem mais delineada, se gastasse toneladas de energia em futebol, música ou em rir com as amigas, decerto a história mudaria a ponto de dificultar a identificação de muitos leitores com a garota. Afinal, nem todos ligam para futebol, mas todos se importam com o amor.

Mas essa anulação própria que Bella faz é aterrorizante. Apagar a si mesma é um problema de verdade para garotas e mulheres de nossa sociedade. Enquanto garotas mais novas tendem a demonstrar interesses variados, a falar com confiança na escola e a se sentir confortáveis quando têm de aparecer, as garotas mais velhas muitas vezes recebem instruções para recuar, para sair debaixo dos holofotes e para abrir espaço para os rapazes. Assim, garotas mais velhas e mulheres adultas muitas vezes sentem como se tivessem perdido sua voz no mundo. Para elas, falar torna-se difícil, e por vezes é uma barreira até conhecer a si mesma. Não é incomum que as mulheres sintam terem se perdido em algum lugar do caminho.

Muitas garotas e muitas mulheres têm sentimentos diversos sobre os conceitos culturais de o que significa ser mulher. A história de Bella trata exatamente dessa confusão de sentimentos. Por um lado, ela não é a menininha típica. Ela não tem muito interesse no vestido de formatura perfeito, por exemplo, e, nesse aspecto, ela contraria o estereótipo de o que é ser mulher. Por outro lado, a personagem de Bella faz com que os leitores acolham o sentimento comum de que o amor é de incrível importância e que, talvez, a autoconfiança não seja assim tão importante. Bella é uma garota poderosa em muitos aspectos, mas há algum excesso — perturbador — em sua necessidade por Edward.

O que significa ser mulher não é uma questão fácil. Muitas de nós sentimos grande pressão nessa reflexão. Talvez nós, como Alice, *gostemos* das tradicionais coisas de mulher, adorando batons e roupas. Talvez não. Ou, como Rosalie, talvez a família e a maternidade sejam grande parte do sonho de como esperamos que nossa vida como mulher seja. Mas isso não é verdade sobre todas as mulheres; talvez a família seja algo muito menos importante em sua concepção em relação ao que significa ser mulher e amar a Deus. Pode acontecer ainda de sua paixão ou seu talento ser algo totalmente diferente. Feminilidade e maternidade não são sentimentos ruins, mas não encerram o conceito de ser uma mulher criada à semelhança de Deus.

Talvez, como Bella, sua ideia sobre ser feminina não trata em particular da feminilidade ou dos sentimentos maternais. Eu gostaria que houvesse no personagem de Bella outra paixão ou outro talento que fossem importantes para a concepção dela sobre o que significa uma vida feliz. Anular a si mesma por um garoto ou por um homem e apagar a própria personalidade, os interesses e objetivos são grandes problemas, um perigo que muito prejudica a vida. Se a história de Bella faz crer que uma vida feliz é mais facilmente alcançada quando se perdem todas as coisas que servem para defini-la, então precisamos repensar a história dela.

Não quero com isso sugerir que a felicidade tenha que consistir apenas em "ser você mesmo", nem que devemos colocar a felicidade individual sobre todas as boas coisas existentes nos relacionamentos e nas comunidades. Mas parte do que torna os relacionamentos e as comunidades divertidas, boas e interessantes é que elas estão repletas de pessoas com paixões e talentos próprios, pessoas que desejam usar essas paixões e esses talentos *em prol* uns dos outros e pelo bem coletivo. Quando nos anulamos, apagando nossa personalidade, nada acrescentamos para um relacionamento ou uma comunidade.

Protetores vigorosos

Aos olhos de Bella, Edward é tudo que um homem pode ser. Enquanto ela é comum, ele é extraordinário. Ele representa o ideal dela. Bella diz: "Eu não era *interessante*. E ele era. Interessante... e inteligente... e misterioso... e perfeito... e lindo... e possivelmente capaz de erguer *vans* inteiras com uma só mão."[5] Edward é um cavaleiro vestido em armadura brilhante, um super-herói perfeito. Ao se refugiar em Edward, Bella o compara ao *Davi* de Michelangelo, "só que essa criatura perfeita de mármore passava os braços à minha volta para me puxar para perto".[6]

Por toda a saga *Crepúsculo*, Edward protege Bella de sua própria falta de jeito, de suas tolices e dos muitos monstros que querem destruí-la. Edward afirma que protegê-la se tornou "uma ocupação de tempo integral que requer minha presença constante".[7] Edward é um líder; ele é o responsável pela relação, aquele que assume a tarefa de zelar pela segurança de Bella. Ele é um caçador voraz, filho e irmão leal, e domina seus instintos sombrios com autocontrole formidável. Edward é o *bad boy* perigoso, atraente por supostamente poder tudo, e, é claro, é inegavelmente lindo.

Não podemos discutir os personagens masculinos da saga *Crepúsculo* sem prestar atenção em Jacob Black. A profunda amizade que tem com Jacob não é normal para Bella. Apesar de manter distância de outras pessoas, ela e Jacob passam muitas horas felizes juntos, conhecendo muito bem um ao outro, e a amizade entre eles se torna verdadeiramente íntima. Jacob é tipicamente feliz; ele é grande, forte, caloroso e seguro.

---

[5] *Crepúsculo*, p. 65.
[6] *Eclipse*, p. 314.
[7] *Crepúsculo*, p. 167.

Ainda que Jacob e Edward sejam mostrados como contraponto um do outro, ambos dividem algumas características atraentes, características que a série sugere serem tipicamente masculinas. Afinal, os dois rapazes são extraordinários. Ambos são criaturas sobrenaturais, heróis com poderes fora do comum. Jacob, assim como Edward, é um líder natural. Ambos são bastante atraentes, e ambos fariam qualquer coisa por Bella. Ambos, ainda, se dispõem a enfrentar qualquer inimigo que ameace Bella, que, por sua vez, crê ser essa uma característica masculina, ao dizer: "O impulso de brigar devia ser uma característica que definia o cromossomo Y. Todos eles eram iguais."[8]

Os dois rapazes extraordinários brigam pela garota comum. "Ela é minha", diz Edward para o rival, com firmeza. "Eu não disse que faria uma luta justa."[9] Há uma cena de particular destaque em *Eclipse*, na qual Jacob, emanando seu calor de lobisomem, impede que Bella congele na noite fria. Edward, enquanto gélido vampiro, morre de ciúmes da habilidade de Jacob de prover o conforto, a segurança e a proximidade física de que Bella precisa.

Jacob e Edward representam os dois caminhos possíveis que Bella pode escolher, mas não há qualquer possibilidade de ela optar por uma terceira solução. Ela rejeita, sem medo de errar, a atenção dispensada por Mike, seu colega de escola, garoto comum e agradável que, no entanto, não tem condições de competir com os super-heróis. A inferioridade de Mike garante a ele apenas o último lugar em comparação com a excelência de Jacob e de Edward.

Grandes expectativas

Edward é um ideal inatingível. Se esperarmos que um namorado ou marido se pareça com Edward, estaremos exigindo mais desses homens

---

[8] *Eclipse*, p. 331.
[9] *Eclipse*, p. 246.

que qualquer um deles pode ou consegue dar. Exigir que alguém seja um Edward é algo realmente cruel.

Nenhum homem real é uma perfeita estátua de mármore. Mais que isso, nenhum homem *deve* ser. Parte da graça de se amar alguém consiste em amar mesmo as falhas. Uma estátua perfeita de mármore não tem a capacidade de compartilhar o choro, de dividir um fraco por batatas fritas, nem de permitir que você perceba que ela está perturbada ou com medo. É inquietante a ideia de que Edward tenha de suportar toda a responsabilidade pelo autocontrole do relacionamento. Quando li a saga *Crepúsculo*, desejei que Bella tivesse alguma participação em tal responsabilidade.

Na verdade, Bella sugere esse mesmo raciocínio quando explica que uma das razões pela qual quer se transformar em vampiro é para poder se pôr em pé de igualdade com Edward. Ela imagina que casados, talvez, ambos possam dividir responsabilidades, quando diz: "Parece lógico... Um homem e uma mulher precisam ser, de alguma forma, iguais... Não é possível que um deles esteja sempre aparecendo do nada e salvando o outro. Eles têm que se salvar igualmente."[10] No entanto, esse problema de desigualdade de condições no relacionamento entre Bella e Edward é resolvido quando ela abre mão de sua humanidade. Ela também se torna uma super-heroína. É uma história divertida, em que falta a beleza das românticas histórias humanas nas quais duas pessoas comuns conseguem ficar juntas ainda que não sejam perfeitas.

Estereótipos não tão simples assim

Ao refletir sobre o que significa ser homem e mulher, é difícil evitar os vários estereótipos associados aos gêneros. Por exemplo, tendemos

[10] *Crepúsculo*, p. 338.

a acreditar que as mulheres são mais emocionais e que os homens são mais agressivos. Há diferentes propagandas voltadas para garotas e para rapazes. É possível andar por entre as prateleiras de uma loja de brinquedos e apontar quais seções se destinam aos meninos e quais são voltadas para meninas. As seções voltadas para o público feminino são repletas de rosa-choque, vestidos de princesas e brinquedos para brincar de casinha. As prateleiras dos meninos trazem uma variedade de veículos e de bonecos criados para batalhas. Apesar de as "prateleiras" voltadas para adolescentes e adultos não serem tão óbvias, tudo é cuidadosamente planejado visando à diferenciação dos gêneros.

Ainda que saibamos não ser um assunto tão simples, decerto temos modelos sobre o que é normal — e até para o que é ideal — que diz respeito a como homens e mulheres devem se parecer e agir. Dizemos coisas como: "Ela é só uma menina", ou, "Garotos são garotos", e todo mundo entende muito bem o que queremos dizer com tais expressões.

Vestimos nossos bebês com rosa para meninas e azul para meninos. Parece normal e natural, certo? É difícil para nós imaginar vestir as crianças de outro modo, e soa particularmente estranho vestir um garotinho de rosa. Porém, essa regra de gêneros não é natural. Quer dizer, ela não advém de nada inerente ao modo como Deus cria meninos e meninas. Nos Estados Unidos, a norma das roupas azuis e rosas não se tinha firmado até a década de 1920.[11] Na verdade, naquela época, algumas pessoas até defendiam o rosa como cor forte e masculina, obviamente mais apropriada para meninos. O objetivo desse exemplo é mostrar que as coisas que assumimos como "naturais" para meninos e meninas, assim como a suposição de Bella de que a agressividade é uma característica masculina, não são necessariamente comuns e naturais como acreditamos. E nós, cristãos, temos razões ainda melhores para debater a questão.

---

[11]PAOLETTI, Jo B. *Clothing and Gender in America:* Children's Fashions, 1890-1920. Signs 13:1 (Outono 1987), 136-43.

Como cristãos, deduzimos da Palavra de Deus que temos de suspeitar das maneiras com que tendemos a enxergar as coisas. Vivemos em um mundo cheio de pecado, sob a condição do pecado, e o pecado influencia nosso ponto de vista. Ele afeta a habilidade de vermos o que é verdadeiro e o que é falso. Afeta a habilidade de distinguir entre o que é natural (como Deus pretende que seja) e o que é pecaminoso (como os egoístas, seres humanos, querem que seja). Paulo fala sobre esse assunto no primeiro capítulo de Romanos. Por causa do pecado, "seus pensamentos tornaram-se fúteis e o coração insensato deles obscureceu-se" (versículo 21). Apenas Deus nos mostra como Deus pretende que as coisas sejam, e nossa capacidade de ver de forma clara é prejudicada pelo pecado.

O pecado confunde o modo com que enxergamos o mundo, significando que devemos suspeitar de nós mesmos quando nos convencemos da certeza com que as coisas devem ser. Precisamos que Deus restaure nossas habilidades de ver e compreender o mundo. As questões sobre os gêneros e sobre o significado de ser homem ou mulher são áreas específicas em que precisamos ter sempre em mente essa ressalva. Porque ser homem ou mulher é natural e porque isso é parte constituinte do que somos, tendemos a achar que há alguma certeza. Porém, quando a confiança é exacerbada, é então que a chance do engano cresce.

Regras e ideais sobre os papéis sociais de gênero já causaram muitos problemas neste mundo. Por exemplo, o ideal de magreza para as mulheres está diretamente ligado à anorexia e à bulimia, bem como aos sentimentos depreciativos de muitas garotas e mulheres que se comparam a modelos de passarela. Ideais sobre corpos masculinos musculosos se tornam cada vez mais tirânicos. Os mitos ligados ao poder masculino e à fraqueza feminina se relacionam à violência contra as mulheres e às escolhas que elas fazem por encarnar a fragilidade, passando a se esconder e deixando que os homens assumam o controle. Esses são apenas alguns exemplos de como os estereótipos atingem as pessoas e interferem nas habilidades de homens e mulheres de servir a Deus com toda a potencialidade. Quando um homem ou uma mulher não se encaixa naquilo que os outros esperam, então a pessoa muitas vezes acaba ridicularizada ou isolada da sociedade.

A anulação de si que vemos em Bella é um estereótipo feminino danoso, resultante do pecado e não do que Deus pretende para as mulheres. A insana demanda por ser um super-herói que vemos em Edward e em Jacob é um estereótipo masculino danoso, resultante do pecado e não do que Deus pretende para os homens. Uma vez que somos cristãos e procuramos enxergar a verdade de Deus e pedir a ele que cure o modo como buscamos enxergar e compreender, temos de olhar sob a perspectiva de Deus sobre o que consiste ser homem ou mulher. Não podemos simplesmente aceitar os estereótipos e presumir que eles representem o que Deus pretende para nossa vida.

Homens e mulheres fabricados

Se o pecado distorce nossa capacidade de compreender o que Deus pretende para nós como homens e mulheres, como podemos esperar entender as boas intenções de Deus para conosco? Como podemos esperar sermos homens e mulheres santificados? Felizmente, nos foi dada uma maneira de compreender quais são as boas intenções de Deus por meio das Escrituras. Deus restaura nossas falhas e nos dá o poder do Espírito Santo para ajudar a vivermos de forma a corresponder às boas intenções.

O fato de Deus nos ter feito homens e mulheres (Gênesis 1:27) é um ponto de partida importante. Apesar de a compreensão pecaminosa que temos dificultar o entendimento do que Deus pretende para ambos os gêneros, depreendemos desde o início da Escritura que o simples fato de existirmos como homens e mulheres é intenção de Deus e parte do plano bondoso que Ele traça para nós. Significa que Deus nos criou para vivermos uns com os outros e para sermos diferentes. Estereótipos perigosos são instrumento do pecado, mas a diferença em si é boa. Deus nos fez diferentes para nos amarmos e para nos ajudarmos por intermédio dessas diferenças. Quando Deus nos criou homens e mulheres, Deus viu tudo que havia feito, e tudo havia ficado muito bom (versículo 31).

A Palavra de Deus também nos dá incentivo para enfrentar o modo como os estereótipos danificam a vida. Quando lembramos a vida que Jesus teve enquanto homem, percebemos que alguns dos piores estereótipos de gênero não são verdadeiros. Jesus é o salvador que aceitou morrer na cruz. Enquanto Jesus estava sendo preso, um de seus amigos cortou a orelha de um servo do sacerdote. Jesus então ordena que ele "guarde a espada" (Mateus 26:52). Esse exemplo é o oposto da suposição de que os homens têm de amar a violência. Jesus também se relacionava com as mulheres de uma maneira que surpreendia seus amigos. Ele não tratava as mulheres com inferioridade, mas como companheiras valorosas.

Paulo afirma que o que Jesus fez por nós cristãos diz respeito a homens e mulheres. Assim, "não há judeu nem grego, escravo nem livre, homem nem mulher; pois todos são um em Cristo Jesus" (Gálatas 3:28). Quando o Espírito Santo é derramado sobre o povo de Deus, Pedro explica que uma profecia do livro de Joel está sendo cumprida. "Nos últimos dias, diz Deus, derramarei do meu Espírito sobre todos os povos. Os seus filhos e as suas filhas profetizarão, os jovens terão visões, os velhos terão sonhos. Sobre os meus servos e as minhas servas derramarei do meu Espírito naqueles dias, e eles profetizarão" (Atos dos Apóstolos 2:17,18). Filhos e filhas, homens e mulheres, masculino e feminino, testemunhas do poder de Deus.

Compreender como amar e glorificar a Deus enquanto homens e mulheres que somos não é fácil. Não basta simplesmente dizer: "Vejam, somos todos iguais; não deveria haver qualquer diferença." Afinal, Deus nos criou assim. Também não é tão simples quanto assumir que os papéis "tradicionais" ditam o modo como vivemos e que a "tradição" reflete a vontade de Deus. No fim das contas, bem pode ser que a tradição seja pecaminosa.

Entretanto, podemos trabalhar juntos como irmãos e irmãs em Cristo, amando e glorificando a Deus segundo fomos criados — homens e mulheres. Podemos cooperar para entender o que isso significa, para desafiar os pressupostos do pecado e para honrar e cuidar uns dos outros em meio às diferenças. Podemos trabalhar para aprender com as Escrituras e com a presença do Espírito em nossa vida, o que significa ser o que somos e o que é render glórias a Deus.

Para refletir/Para debater

1. Você se identifica com algum personagem da saga *Crepúsculo* no que diz respeito ao modo de viver enquanto homem ou mulher?
2. Como os personagens dos livros perpetuam os estereótipos de gênero? Como eles desafiam esses estereótipos?
3. De que forma os estereótipos podem causar problemas? Você já percebeu isso em sua vida ou na vida de um amigo?
4. O conceito de que o pecado dificulta a maneira como compreendemos o plano de Deus para nossa vida é importante. Faça uma lista de coisas que tendemos considerar "naturais". Essas coisas são de fato naturais? Elas refletem a vontade de Deus como a percebemos na Palavra?
5. O que você pensa sobre viver como homem ou mulher fabricada? Como podemos glorificar a Deus enquanto garotas e rapazes, homens e mulheres?

Capítulo 5

Beisebol e lealdade

Crepúsculo e a família ideal

A família perfeita de Edward, ao contrário de sua própria família, compõe grande parte do fascínio de Bella por seu amado. A família dela é dividida. A família dele é leal. A família dela decepciona. A família dele morreria para resgatá-la. A bela e eterna família de vampiros estabelece um profundo contraste com a mediocridade e a fragilidade dos pais de Bella, que celebra a relação com eles tanto quanto sua relação com Edward.

É óbvio que a família é importante para os cristãos. Como é, então, que os cristãos devem avaliar as diferentes mensagens acerca das famílias descritas na saga *Crepúsculo*?

Decepções familiares

A instituição familiar em *Crepúsculo* reflete a verdade sobre as famílias do mundo real de uma maneira simples: as famílias decepcionam.

Esse é certamente o caso quando pensamos na família da protagonista. Bella, como muitos de nós, é filha de pais divorciados. Sua mãe não é particularmente confiável, e seu pai mal mantém o contato. Assim, Bella aprende a confiar em si mesma.

Bella é essencialmente sozinha antes de conhecer Edward e sua família. Ela não tem irmãs nem irmãos. Para todos os efeitos, ela também não tem pais. Sua mãe, Renée, é bastante gentil, mas pouco disponível para a filha. Ela deseja viajar com o novo marido, e por esse motivo Bella se muda para a casa do pai em Forks, a fim de conceder à mãe a liberdade que ela deseja. Com isso, Bella fica sozinha em um momento de vulnerabilidade. Ela está em processo de amadurecimento, deixando a adolescência para trás e se aproximando da fase adulta. É nesse momento crucial da vida que sua mãe a abandona. Com frequência, Bella esconde coisas da mãe e a trata como uma criança incompetente. Ela não pode contar com a mãe para prover proteção ou para ser uma confidente.

Charlie, pai de Bella, se importa com a filha, mas não leva jeito e decepciona. O pai passa a maior parte do tempo longe de casa. Assim como faz com sua mãe, é Bella quem assume o papel de comando na relação familiar com ele. Quando passa a morar com o pai, Bella assume os deveres do lar. Ela prepara refeições deliciosas e cuida para que nada falte a ambos. Quando ele expressa alguma preocupação por ela, ela tenta suavizar a iniciativa e evita conversas mais sérias com ele a respeito de sexo.

Bella compara a vida nova com seu pai a "ter minha própria casa".[1] Ela aprecia a independência, mas deixa a impressão de que mesmo a confiante Bella às vezes espera mais de seus pais. Quando seu pai demonstra preocupação por ela, ela relata que sua "garganta de repente se apertou. Eu não estava acostumada com alguém

[1]MEYER, Stephenie. *Crepúsculo*. Rio de Janeiro: Intrínseca, 2009, p. 47.

cuidando de mim e a preocupação muda de Charlie me pegou de surpresa".[2] Ela é bastante independente, mas se comove quando o pai tenta se aproximar.

Bella por vezes não consegue, e por vezes nem deseja, confiar a seus pais assuntos que as crianças, mesmo as já mais crescidas, adequadamente confiam. De diferentes maneiras os pais se mostram física e emocionalmente ausentes, mas ela não alimenta qualquer remorso quanto a isso. Ao contrário, ela os trata como as pessoas egoístas e incompetentes que são.

Eles não a protegem. Nem podem. De que modo pais humanos podem proteger uma filha de vampiros e lobisomens?

No entanto, a todo instante Bella tenta proteger a ambos. Uma de suas maiores preocupações a respeito do envolvimento com Edward é que dele resultarão problemas para seus pais. Quando James tenta assassinar Bella, ele a atrai com uma ameaça à mãe dela. Ela voluntariamente aceita o perigo em favor da mãe. Quando Bella se torna uma vampira, passa a ter medo de machucar Charlie. Ela pede que sua nova família o proteja.

Nós, leitores, nos identificamos com Bella. A identificação surge do fato de todas as famílias serem decepcionantes. Pais sempre falham na tentativa de serem consistentes, pois demonstram a fraqueza humana. Os filhos falham em amar os pais. Todas as famílias cometem erros.

Algumas famílias são ainda piores que a de Bella. Alguns pais controlam os filhos de tal modo que o controle se torna opressão. Muito pior, alguns pais são abusivos, seja emocional ou fisicamente. Tais famílias traem seus filhos das piores maneiras possíveis quando afligem quem deveriam proteger, machucando quem deveriam amparar.

Mas também acontece de muitas famílias serem menos decepcionantes que a de Bella. Alguns leitores dessa série irão pensar: *Ora,*

[2]*Crepúsculo*, p. 48.

tenho uma família fantástica. Eles me apoiam. Nós realmente nos amamos. Mas mesmo as famílias mais amorosas decepcionam. Até as famílias mais protetoras são, bem, apenas humanas. Pais são pessoas fracas e comuns, e todos nós, conforme crescemos, enxergamos a fraqueza e a mediocridade de nossos pais de forma que não tínhamos notado quando estávamos na escola.

Faz sentido quando nos identificamos com a necessidade de autoconfiança de Bella. Também faz sentido quando nos identificamos com sua atração pelos Cullen.

Uma bela e eterna família

A família de Edward se destaca no contraste com a ausência dos pais de Bella. Os pais, Carlisle e Esme são gentis, sábios e protetores. Ao contrário de sua família desunida, eles estão *juntos*. Enquanto os pais de Bella se divorciam, Carlisle e Esme estarão juntos por toda a eternidade.

Carlisle é o "pai" da família vampiresca por ter sido quem converteu a maioria deles em vampiros. No entanto, nos livros, Meyer vai longe para mostrar que a decisão dele de transformar os outros em vampiros nunca foi fácil. A decisão de transformar é sempre tomada em momentos em que a morte parece certa. A vida dos vampiros, para quase todos, exceto os da família Cullen, é descrita como solitária e egoísta. Os Cullen são um caso à parte dos outros vampiros por conta da ligação e do cuidado que têm uns pelos outros.

Quando Bella conhece Edward ele está cercado de lindos irmãos — Rosalie e Emmett, Jasper e Alice. Mas eles não são apenas lindos; também são muito divertidos (alguém aí topa jogar beisebol selvagem em uma noite de tempestade?). Além do mais, a habilidade de Alice prever o futuro do mercado de ações dá a eles mais dinheiro do que jamais poderiam gastar.

Os Cullen são extremamente leais uns com os outros. Meyer retrata a relação familiar entre eles com uma grande dose de charme. Os irmãos ajudam uns aos outros, mas também brincam provocativamente entre si. Esses vampiros vegetarianos estão dispostos a morrer por seus semelhantes sem pensar duas vezes. São incrivelmente talentosos, e são imortais. A ligação preciosa que têm jamais será quebrada. Eis, em muitos aspectos, a família ideal — a família que Bella nunca teve.

A história em *Lua nova* é dominada pela dor de Bella ao perder Edward. É importante ressaltar que tal dor não se deve apenas a Edward. Bella sente como se tivesse morrido, pois "foi mais do que apenas perder o mais verdadeiro dos amores verdadeiros, como se isso não fosse o bastante para matar alguém. Também foi a perda de todo um futuro, de toda uma família — toda a vida que eu escolhera".[3] Muito da atração de Bella por Edward diz respeito à atração pela família. A despeito de sua autoconfiança, ela anseia fazer parte desse grupo intimamente unido. Quando percebem o que ela representa para Edward, os Cullen adotam Bella sem qualquer ressalva. Eles a recebem com carinho e consideração, com festas e presentes. Ela se torna um deles.

No fim de *Amanhecer*, são esses peculiares laços de família que salvam os Cullen da destruição final advinda dos Volturi. Os laços familiares desse universo são fortes e profundos. E são inquebráveis. Quando os Cullen se preparam para o duelo final com os Volturi, são motivados pelo desejo de salvar a família. Eles trabalham incessantemente para se manterem a salvo.

O dom de "escudo" de Bella a torna imune a ataques dos poderes de outros vampiros. Edward não consegue ler os pensamentos dela, e os torturantes Volturi não conseguem fazer com que ela se revolva de

---

[3]MEYER, Stephenie. *Lua nova*. Rio de Janeiro: Intrínseca, 2009, p. 282.

dor. Tal dom, porém, se torna ainda mais valioso quando Bella aprende a estendê-lo. Ela aprende a projetar seu escudo a fim de proteger todos a quem ama. Esse recurso passa a ser ainda mais importante como escudo de defesa, não apenas para Bella, mas para toda a família.

Pense um pouco na diferença entre os olhos vermelhos dos Volturi e os olhos dourados dos Cullen. A diferença não está apenas na moralidade ou na imoralidade de um grupo e de outro, na perversidade e na bondade. Nem tal diferença representa a vida com violência, sem perdão e sustentada por assassinatos a sangue frio de um grupo, enquanto o outro se une na escolha "vegetariana" de viver em paz.

Não, a diferença principal entre os dois grupos é que um é um covil, e o outro, uma *família*.

Esperança familiar mormonista

Em vários pontos a família Cullen reflete a esperança da fé mormonista da autora. Para os mórmons, a *esperança eterna* está ligada à família. Os mórmons acreditam que a união familiar dura por toda a eternidade. Há uma diferença crucial entre essa crença e o conceito cristão usual de reunião com as pessoas amadas no reino de Deus. Para os mórmons, a estrutura familiar permanece como unidade básica da eternidade. A salvação acontece *na*, *por meio da* e *para a* família. A vida eterna é vida familiar, e a vida familiar continua como é aqui e agora. Tornamo-nos santificados por intermédio de uma boa vida familiar. Acredita-se que o casamento mormonista se destine ao tempo (esta vida) e à eternidade (para sempre). Por essa razão os mórmons se interessam em estudar a árvore familiar. As famílias dos mórmons procuram apontar quem entre os ancestrais não tinha real conhecimento da fé mormonista. Eles realizam o batismo desses membros mortos na esperança de fortalecer as famílias eternas.

Mas a família não é importante apenas no aspecto da esperança eterna. Para os mórmons, a esperança *nesta vida* também é atribuída à família. A vida familiar supostamente deve dar a Bella tudo que ela não teve de Charlie e Renée — estabilidade, proteção e felicidade. Supõe-se que a família mormonista seja edificante e que afete positivamente a sociedade. Entende-se ainda que Deus abençoa as famílias fiéis.

A igreja mórmon distribui gratuitamente material de leitura trazendo imagens floridas e radiantes da vida familiar. Filhos felizes e belos se reúnem ao redor de mesas repletas de comida. Papai e mamãe estão juntos, sorrindo, generosos e ternos. Todos se vestem com asseio, de cabelos penteados, atraentes. Os membros da família se tocam com muita afeição, sem preocupações. Essas imagens retratam famílias que são o oposto das decepções que vemos em *nossas* famílias.

Quando pensamos sobre as famílias em *Crepúsculo*, surgem duas considerações totalmente diferentes. De um lado, Meyer consegue capturar a fragilidade das famílias reais. Nossas famílias são comuns, frágeis e desapontadoras. Conforme crescemos, tais qualidades se evidenciam sob diferentes aspectos, geralmente de difícil aceitação. Percebemos, assim como Bella, que a família que nos criou não pode nos proteger de tudo nem consegue suprir todas as necessidades.

Por outro lado, Meyer oferece uma imagem radiante de uma família que jamais decepciona. Os Cullen são uma família na qual a felicidade e a união são possíveis, uma família com capacidade para "salvar" Bella da vida mortal.

A perspectiva de Deus sobre coisas frágeis e comuns

Como os cristãos devem perceber as duas imagens familiares? Vamos começar com a fragilidade de nossas famílias comuns. Mesmo que tentemos olhar na direção contrária, ainda saberemos que as famílias têm falhas. O que fazer com essas falhas? Como conviver com elas?

Tiramos uma sugestão das Escrituras quando Paulo trata da fragilidade. Quando escreveu para a igreja da cidade de Corinto, Paulo queria que as pessoas percebessem que a visão de Deus em relação às coisas frágeis e comuns nem sempre é a que esperamos. Em 1 Coríntios 1:27-29, Paulo avisa aos leitores: "Deus escolheu o que para o mundo é loucura para envergonhar os sábios, e escolheu o que para o mundo é fraqueza para envergonhar os fortes. Ele escolheu o que para o mundo é insignificante, desprezado e o que nada é, para reduzir a nada o que é, a fim de que ninguém se vanglorie diante dele."

Na verdade, Deus faz uso especial das coisas frágeis e age de uma forma que não esperamos. Sendo mais específica, Deus assim procedeu ao se fazer humano por nós. Ser humano é ser fraco, mas Deus desceu ao nosso nível para demonstrar o quanto se importava. Lemos no primeiro capítulo do evangelho de João que "aquele que é a Palavra tornou-se carne e viveu entre nós. Vimos a sua glória..." (versículo 14).

Por todo o curso da história as pessoas têm se perguntado como algo tão estranho, tão frágil, pode ser verdadeiro. Como pôde um Deus majestoso e misterioso se tornar humano? Como o sagrado Deus de Israel pôde nascer e viver, tendo dez dedos nos pés e nas mãos, desfrutando de uma refeição? Pois estamos falando de um Deus que é tão enorme e tão glorioso que as pessoas evitavam pronunciar seu nome em voz alta. Como pôde um Deus como esse ser conhecido do modo como Jesus foi por seus amigos e discípulos? Deus em carne parece frágil e tolo. Afinal, a carne é extremamente frágil. A carne decepciona. Ela nos trai. Ser carne significa sofrer e morrer.

Paulo quer que reconheçamos quão fabuloso é tudo isso. Apesar de parecer contraditório acreditar que o poderoso Criador do universo veio a nós sob a forma de um bebê, Paulo se glorifica ante tal pensamento. É espantoso que Deus se tenha feito carne, o que só torna o feito ainda mais maravilhoso, mais pleno de graça. Deus escolheu as coisas frágeis do mundo para envergonhar as fortes. Deus não corre risco de se diminuir ao habitar entre nós, em meio a nossa fraqueza.

A encarnação de Jesus é o exemplo resplandecente de como Deus nos dá coisas boas em meio à vida frágil e ordinária.

Muitos pensadores cristãos vão mais além. Se Deus é bom a ponto de se fazer presente em meio à confusão humana, então esse fato deveria mudar o modo com que lidamos com tamanha bagunça.

Porque Deus partilhou de nossa confusão, de nossa fraqueza, temos de abordar a vida de outro modo. Podemos descobrir nossos limites e, em vez de apontar o que precisamos trabalhar para superar tais limites, devemos refletir sobre os doces presentes que Deus nos dá mesmo em meio à fragilidade e à limitação. Sim, somos frágeis e ordinários. Mas Jesus dividiu a fraqueza e a mediocridade conosco. Isso significa que podemos encontrar presentes de Deus em meio à vida ordinária e cotidiana.

Não é preciso ser uma família "perfeita" e ideal para que o lar seja um espaço no qual Deus realiza boas obras. As famílias não têm de ser compostas por pessoas lindas, asseadas e sorridentes, sempre prontas para serem fotografadas para a capa da revista "Vida Moderna Perfeita". Não significa que seja certo para os pais afligirem os filhos, como não o é que façamos o mesmo com nossos filhos, ou irmãs, ou irmãos. Significa, no entanto, que Deus ama pessoas simples e comuns — pessoas que cometem erros e que decepcionam umas às outras.

A verdade é que fazer parte de uma família é difícil. Conviver com outras pessoas é complicado. Por vezes é relativamente fácil ser gentil — tolerante, ao menos — com pessoas no trabalho ou na escola. Afinal, vemos essas pessoas por um curto período de tempo. Mas não podemos escapar da família. É preciso conviver todos os dias. Acabamos dividindo o banheiro e a cozinha. Todo santo dia notamos se alguém deixa o tubo de pasta de dente aberto ou se come o último biscoito, exatamente aquele que você queria no café da manhã. Quando um membro da família adoece, outra pessoa trata de ajudar. Você já trocou uma fralda ou já cuidou de uma criança enferma? Já refletiu sobre como amar um irmão, ainda que esse irmão seja muito diferente de você?

A fragilidade da vida familiar comum dá a cada um de nós a oportunidade de cuidarmos uns dos outros, de amarmos uns aos outros, mesmo nas dificuldades. Essas oportunidades podem ser um verdadeiro presente de Deus, que as usa para nos mostrar como o amor funciona.

A graça da fragilidade nos liberta de tentarmos ser algo que não somos. Ela nos faz livres para amarmos nossos pais ou nossos filhos ou nossos cônjuges quando percebemos que eles não são super-heróis. Dá liberdade para que cuidemos uns dos outros ainda que estejamos cansados, irritados ou simplesmente aborrecidos. Liberdade para aceitar o amor das famílias comuns e decepcionantes em vez de desejar algo que não é real.

É por quem Jesus é, pelo que fez com nossa fragilidade, que ele pode ser usado pelo poder de Deus. As coisas comuns importam para Deus. As coisas frágeis importam para Deus. Em vez de ansiar por uma perfeição que não temos, podemos refletir sobre o modo como Deus nos usa em nossa fraqueza.

Esperança na Bíblia

Se Deus ama pessoas e famílias frágeis e comuns, o que devemos pensar sobre a família ideal representada pelos Cullen? Não deveríamos continuar tentando se aproximar desse ideal? Ser pessoas que não erram com o próximo? Que amam umas às outras em todas as dificuldades?

Bem, sim e não. Muitas vezes Deus nos dá forças para sermos uma família melhor do que poderíamos ser, mas Deus não faz isso substituindo uma família decepcionante por um ideal impossível. Deus nos dá força *por intermédio* da vida cotidiana.

E mais, Deus nos livra de termos de depositar as esperanças em um ideal impossível de família, um ideal que não pode ser alcançado. Nós, cristãos, reconhecemos que as coisas erradas do mundo — em nós, como indivíduos, e nas famílias — são coisas grandes. Maiores do que jamais poderíamos querer consertar. Desde uma posição de fragilidade, recebemos as boas novas de que apenas Jesus Cristo pode consertar o que está errado.

Porque a esperança cristã se fundamenta com firmeza em Jesus Cristo, e em mais ninguém, não temos a necessidade de uma família perfeita que possa salvar. E uma vez que nossas famílias são falhas, humanas e frágeis, isso é uma boa notícia.

O lugar certo para a família

Mas espere, os cristãos não se interessam por valores familiares? Não esperamos que nossas famílias sejam os locais em que a bondade e o amor de Deus sejam compartilhados? Lugares onde o mundo pode perceber bondade e amor?

De fato esperamos que Deus transforme as famílias, mas temos de focar as esperanças no alvo correto. A esperança reside em Jesus, e não nos pais ou nos filhos. Temos de cuidar, pois, para não idealizar uma família. O retrato da família perfeita apenas oferece falsas esperanças. Ele pode nos deixar insatisfeitos com a família que temos ainda que essa família esteja fazendo o melhor em meio à fraqueza. Pode forçar a vida familiar a seguir um modelo perfeito, nos roubando a liberdade de experimentar a graça de Deus por intermédio da imperfeição.

Amy Laura Hall descreve a "sensação de uma mulher de que ela, seu lar e sua família estão sendo cercados e pressionados por imagens de um lar perfeito, presentes nas páginas de revistas populares".[4] Você já sentiu alguma pressão para ajustar sua vida pessoal ou familiar segundo uma imagem de perfeição? Pode ser paralisante e tirânico viver com o sentimento constante de ser pressionado.

---

[4]HALL, Amy Laura. *Conceiving Parenthood:* American Protestantism and the Spirit of Reproduction. Grand Rapids: Eerdmans, 2008, p. 391.

Hall sugere que reflitamos sobre como as famílias normais, imperfeitas e bagunçadas podem ser testemunhos muito melhores da bondade e da graça de Deus, mais do que as famílias perfeitas e penteadas jamais serão. As famílias normais, imperfeitas e problemáticas têm a liberdade de ser honestas e reais, admitindo erros e limites, amando uns aos outros de algum modo. Famílias perfeitas e asseadas não têm a liberdade de prover tal amor. Elas têm de dar duro o tempo todo para estar brilhando, para que as prateleiras estejam impecáveis e os filhos, sempre elegantes. Que testemunho da bondade e da misericórdia de Deus acontece quando amamos uns aos outros *porque* somos limitados, distorcidos e humanos!

Temo que as imagens familiares em *Crepúsculo* possam incentivar o pensamento de que temos de ser um dos Cullen, brilhantes e imortais para expressar amor e felicidade. Preocupo-me com a facilidade com que Bella abandona sua família imperfeita. Ao agir assim, ela se isola do modo como eles demonstram carinho por ela. Ainda que tal carinho seja imperfeito, eles a amam e desejam boas coisas para ela. Bella se furta do amor e da interação que eles oferecem. Ao trocar sua família pelos Cullen, ela perde a oportunidade e o desafio envolvidos em amar seres humanos reais, frágeis e imperfeitos.

O dom de Deus para a família é um dom muito bom. Mas não é perfeito. Podemos ser gratos por não precisarmos de uma família bondosa e bela para resolver nossos conflitos ou para nos salvar. As famílias continuarão decepcionando. A esperança cristã, no entanto, jamais decepcionará.

Para refletir/Para debater

1. Você tem em mente uma imagem de família "perfeita"? Sua família tenta parecer perfeita para os outros?
2. Você considera a família, assim como Bella, uma experiência decepcionante?
3. Você se sente tentado a "deixar" sua vida familiar quando ela o decepciona ou perturba?
4. Você já experimentou a graça de Deus por intermédio da fraqueza ou por meio de oportunidades que a vida cotidiana oferece para amar e cuidar de outras pessoas frágeis?
5. De que modo as pessoas frágeis e comuns podem refletir a bondade de Deus para com o mundo?
6. Este capítulo argumentou que a família não deve ser idealizada e que devemos aceitar a fragilidade dessa instituição, mas que isso *jamais* deve ser compreendido como desculpa para o abuso. Se você ou algum conhecido já foi afetado por abuso familiar físico, psicológico ou sexual, é preciso escapar disso. Fale com alguém — um pastor, um professor, um amigo, uma ONG — que possa ajudá-lo.

Capítulo 6

Para a eternidade

Vantagens, desvantagens e a realidade do casamento em *Crepúsculo*

Os sentimentos de Bella em relação ao casamento lutam com o desejo de pertencer a Edward para sempre. O que levaria uma garota disposta a se transformar em um vampiro em nome de seu amor a hesitar diante da possibilidade de casar com ele? Apesar do medo pelo casamento, Bella por fim concorda em casar com Edward e a escolha se revela feliz. As preocupações dela em relação ao casamento contrastam com outras visões presentes na saga, em que o casamento é tido como um compromisso eterno e ideal, base de uma vida conjugal compartilhada e feliz. Como as diferentes mensagens acerca do casamento na história de Meyer nos ajudam a refletir sobre a instituição do casamento sob uma perspectiva cristã?

Sentimentos misturados

No começo de *Amanhecer*, Bella se prepara para desposar Edward. Uma vez esposa, ele finalmente a fará vampiro. O sim dela, no entanto, é dado contra sua vontade. Ela entra em pânico só de pensar em casamento e não consegue conciliar essa ideia com os sentimentos extremamente românticos que tem por Edward. Ela explica a ele: "Eu não sou *esse tipo de garota*, Edward. Aquela que se casa assim que termina a escola como uma caipira provinciana que engravida do namorado!"[1] Bella associa o casamento com a diminuição das oportunidades, e o despreza como uma tradição que não faz sentido para ela. Sua mãe se casara cedo e a treinou para pensar que casar jovem é um erro garantido, um erro que ela é esperta demais para cometer. Apesar do entusiasmo de Edward e de seu próprio desejo de ficar com ele para sempre, ela não consegue se livrar dos sentimentos negativos em relação ao casamento.

Em oposição, os sentimentos de Edward acerca do casamento são todos positivos. Ele relata a Bella sua vida como humano antes de se tornar vampiro. Edward explica: "Se eu tivesse encontrado *você*, eu não teria dúvida de como faria. Eu era *esse tipo de rapaz*, que teria... assim que descobrisse que você era o que eu procurava... ficado de joelhos e lutado para pedir sua mão. Eu teria esperado por você toda a eternidade, mesmo quando a palavra não tinha as mesmas conotações de hoje."[2] Edward obviamente não teme um compromisso, e busca o casamento por desejar se unir a Bella.

Os pais de Bella também não creem ser o casamento uma boa ideia. Ela teme contar especialmente para sua mãe, em cuja experiência "casar-se cedo era pior do que cozinhar filhotinhos de cachorro vivos".[3] Bella argumenta que as pessoas dirão que o único motivo

---

[1]MEYER, Stephenie. *Eclipse*. Rio de Janeiro: Intrínseca, 2009, p. 200.
[2]*Eclipse,* p. 201.
[3]MEYER, Stephenie. *Amanhecer.* Rio de Janeiro: Intrínseca, 2009, p. 24.

possível pelo qual dois adolescentes se casam é uma gravidez. No entanto, Edward oferece um pensamento alternativo. Para ele, duas pessoas com a idade deles obviamente se casariam por amor.

Edward propõe irem para Las Vegas caso Bella não queira um casamento pomposo. No fim das contas, a cerimônia é à moda conservadora dos contos de fada, agradando Alice, Edward, famílias e convidados. No dia do casamento, Bella morre de medo de se olhar no espelho e se ver vestida de noiva. Ela tem certeza de que a imagem a faria entrar em pânico, ainda que todos concordem que ela parece uma noiva deslumbrante. A beleza no dia do casamento é um prelúdio da beleza vampiresca que terá quando Edward por fim a transformar. O casamento é a condição por que e, de certo modo, a causa de sua passagem do comum para o extraordinário, da insatisfação para a felicidade, da adolescente desajeitada para a diva maravilhosa. Quantas expectativas depositadas em um casamento!

Mas toda preocupação que a faça se desesperar, bem como toda a dúvida de Bella, se evaporam no exato instante em que casa com Edward. Bella diz: "Vi como tinha sido tola por temer aquilo — como se fosse um presente de aniversário indesejado ou uma exibição constrangedora, como o baile da escola. Olhei nos olhos brilhantes e triunfantes de Edward e entendi que eu também estava ganhando. Porque nada mais importava além de ficar com ele."[4]

Terminado o casamento, Bella jamais se arrepende por ter concordado casar com Edward.

Desprezando o casamento

Os sentimentos negativos de Bella em relação ao casamento podem encontrar eco em alguns leitores da saga *Crepúsculo*. O mundo mudou bastante nas últimas gerações, e jovens mulheres agora têm outras

[4]*Amanhecer*, p. 47.

opções além do casamento precoce. Bella associa o casamento com a redução de tais oportunidades, e precisa passar por uma grande mudança de vida antes de poder enxergar alguma coisa de bom no fato de se casar com Edward.

Cada vez mais pessoas postergam ou rejeitam o casamento. Em 2008, a idade média para um primeiro casamento era de 27 anos para os homens e de 25 para as mulheres. Em 1950, os homens se casavam em torno dos 23 anos e as mulheres por volta dos 20 anos.[5] Em um artigo para o *Washington Post*, Mark Regnerus escreve que "muitas mulheres relatam sentir pressão por parte de conhecidos para evitar pensar seriamente em casamento ao menos até chegarem ao fim dos 20 anos (...) Considerar seriamente a ideia de um casamento aos 20 ou 21 anos soa demasiado tolo, sem *glamour*, anacrônico. E, para quem admite a possibilidade — que escândalo é".[6] Há muitas razões para essa tendência de protelar o casamento até mais tarde. É preciso que os cristãos mostrem alguma preocupação com relação a várias dessas razões.

Um motivo para postergar ou até para desprezar a ideia de casamento é o medo de que ele interfira na liberdade pessoal e na possibilidade de completar os estudos, impedindo o sucesso profissional. Se acreditarmos nisso, então estaremos admitindo que a melhor liberdade possível é aquela que nos liberta de outras pessoas, das responsabilidades e das obrigações que nos impediriam de fazer o que quer que fosse que mais nos aprouvesse enquanto indivíduos. Também equivale a admitir que a melhor maneira de definir oportunidades seria pensar em termos de ser capaz de fazer muito dinheiro, de controlar muito poder e de conseguir muito prestígio.

---

[5]O Serviço de Recenseamento dos Estados Unidos disponibiliza dados estatísticos em HTTP://www.census.gov/population/www/socdemo/hh-fam.html#history

[6] REGNERUS, Mark. *Say Yes. What Are You Waiting For?*, *Washington Post*. EUA, 26 de abril de 2009.

No entanto, nós, cristãos, temos motivos animadores para pensar sobre *liberdade* e *oportunidades* de modo muito diferente. A liberdade cristã não é a possibilidade irrestrita de fazer o que se quer, a qualquer momento. E o fato de não ser assim é bom, já que essa liberdade nos deixaria à mercê de nossas piores tendências, agarrados às mais pecaminosas intenções. Jesus nos oferece uma liberdade muito mais bela, não uma liberdade *de* qualquer tipo de orientação ou responsabilidade, mas uma liberdade *para* amar e servir a ele. Parte das boas novas da vida cristã é que "foi para a liberdade que Cristo nos libertou" (Gálatas 5:1). Jesus nos dá a capacidade de usar essa liberdade para que "sirvam uns aos outros mediante o amor" (versículo 13). Sem a força que Jesus concede, não somos livres para servir e amar. Em vez disso, somos enganados por nossas vontades egoístas e autocentradas. Ao prover a liberdade cristã, Jesus nos capacita a cuidar dos outros no trato cotidiano. Ele nos dá a liberdade, por exemplo, de servir a pessoas que são pobres ou que sofrem, ou a liberdade de amar e servir às pessoas com quem convivemos todos os dias.

De acordo com as boas novas que Deus nos oferece, as oportunidades também soam muito diferentes, na vida cristã, das oportunidades voltadas para o sucesso no mundo. Jesus nos dá a oportunidade de ter uma vida verdadeiramente boa, uma vida verdadeiramente abundante. Ele nos liberta das forças do pecado e do egoísmo e nos mostra caminhos para vivermos com amor.

Isso significa que se preocupar com a perda da liberdade ou com a redução das oportunidades não é uma razão cristã para evitar o casamento. O casamento, na verdade, pode ser um espaço no qual Deus pode nos treinar para esse tipo de liberdade e para nos oferecer o tipo de oportunidade que nos fará verdadeiramente felizes. De modo algum é o único meio pelo qual a liberdade e as oportunidades podem ocorrer, mas o casamento é um espaço no qual Deus pode nos pôr livres em uma vida que não seja egoísta e onde pode nos dar as oportunidades de experimentar um compromisso e a dedicação para com outra pessoa. Sim, o casamento traz consigo comprometimento e responsabilidade, mas essas são partes da alegria do casamento.

Não estou dizendo, absolutamente, que todos os cristãos devem optar ou por se casarem jovens para conhecer a liberdade e as oportunidades de Deus ou por jamais casar. Estou dizendo que, como povo que aprende que a liberdade e as oportunidades advêm de Jesus, e não do mundo, não precisamos assumir os temores de Bella nem sua tendência para desprezar o casamento.

Bella também vê o casamento como uma resposta muito aquém de suas experiências de amor selvagem. Notamos um tema recorrente na saga *Crepúsculo* quando Bella relembra seus sentimentos acerca do casamento no início de *Amanhecer*. Tal tema recorrente envolve uma tendência a desprezar a vida humana comum e cotidiana. Bella enxerga seu amor como tudo menos comum, mas vê o casamento como um arranjo que visa dar *status*:

> Pensei brevemente em meus problemas com palavras como *noivo*, *casamento*, *marido* etc. Eu não conseguia aceitar aquilo. (...) Eu não conseguia harmonizar um conceito tradicional, respeitável e tedioso como *marido* com meu conceito de *Edward*. Era como imaginar um arcanjo como contador; eu não conseguia visualizá-lo em nenhum papel comum.[7]

Volto a dizer, porém, que Deus ama as coisas comuns e cotidianas deste mundo. Deus as usa e opera através delas. Um casamento amoroso e fiel não é "tradicional, respeitável e tedioso". É um meio pelo qual a bondade de Deus pode ser mostrada ao mundo e pelo qual Deus pode realizar coisas novas em nossa vida. O casamento é um belo dom de Deus.

---

[7] *Amanhecer*, p. 16.

Romanceando o casamento

É preciso evitar o caminho mais fácil que é a decisão de simplesmente fugir do casamento. Ao mesmo tempo, temos de combater outra opinião problemática: a superestimação e a romantização do casamento. Muitos de nós concordam mais com a alegria demonstrada por Alice em realizar um casamento de sonho que com o temor de Bella frente a vestidos, flores e festas. Até hoje se ensina as meninas a sonhar com o dia do casamento.

Vivemos em uma sociedade na qual o "casamento dos sonhos" se tornou um grande negócio. Meus pais, como a maioria das pessoas da mesma época, realizaram a festa de casamento no porão da igreja. Havia sanduíches, bolo e ponche, e foi minha avó quem fez o vestido de minha mãe. Meu marido e eu também nos casamos na igreja, mas depois demos uma grande festa com muita dança e muita comida. Comprei meu vestido com minha mãe em uma loja chique. Porém, quando lembro o dia do meu casamento, a alegria que recordo nada teve a ver com a quantidade de dinheiro gasta na festa, mas com o compromisso com meu marido, com estar cercada das pessoas que amamos e por celebrar o casamento com o intuito de adorar a Deus.

A indústria que vende casamentos cresceu de forma espantosa desde que me casei. Há muita pressão da sociedade, que recai especialmente sobre a noiva, para que tudo seja perfeito e de acordo com a moda. É comum hoje em dia contrair grandes dívidas para pagar pelo "casamento dos sonhos". Há piadas sobre "noivas neuróticas", as noivas que se concentram tanto em fazer com que tudo saia conforme o planejado que acabam se tornando monstros horríveis e egoístas, sem pensar por um segundo sequer nas pessoas à sua volta.

Não há nada errado com a celebração, como não há nada errado com a empolgação relativa ao acontecimento. Mas é fácil acontecer de um casamento se resumir à pressão social, aos enormes custos e a transformar a noiva na estrela de seu próprio show. É muito fácil cair no modelo de uma produção egoísta, quando deveria ser uma celebração comunitária em torno da promessa de duas pessoas de serem fiéis e de servirem a Deus lado a lado.

Toda despesa e empolgação de um casamento de contos de fadas pode servir como distração para as vantagens e as dificuldades do casamento em si. Fazer do casamento o sonho de uma jovem moça também pode contribuir para elevar a ocasião a um patamar que não é próprio da vida humana. O objetivo mais importante a ser alcançado pelos cristãos quando pensam em casamento é escolher o parceiro de forma sábia. Ao transformarmos o casamento em um conto de fadas, um sonho a ser realizado custe o que custar, corremos o risco de tomar uma decisão precipitada.

O casamento cristão pode ser visto como sólido quando marido e mulher têm o centro em Cristo e acreditam que a união com tal parceiro irá contribuir para amar e servir a Deus. Mas ser cristão não é o único requisito. Quando se pretende casar, é melhor casar com alguém que seja afável, que apoie e respeite, que divida as responsabilidades. Pessoas de fora podem ajudar a compreender se a escolha é sábia, mas um sonho extravagante com o dia do casamento pode dificultar a sabedoria das escolhas feitas.

Focar todos os sonhos no casamento pode dificultar a compreensão de que a felicidade e a realização provêm apenas de Deus, e não de outra pessoa. Certamente, ser uma princesa por um dia não traz felicidade e realização. Não é preciso casar para ser feliz. Não é preciso casar para se realizar. Não precisamos do casamento para amadurecer. Assim, a suposição contida na saga *Crepúsculo* de que Bella precisa do casamento para se sentir realizada é bem perigosa.

Outra possibilidade

Em nossa cultura, o conceito de uma vida solitária não é elevado, e esse modo de vida não é visto como significativo ou importante. De fato, não há um exemplo forte e positivo da vida solitária na saga *Crepúsculo*. Os personagens chegam a protelar o casamento com o intuito de estender a liberdade, mas a solteirice em si não é vista como uma maneira particular pela qual Deus chama algumas pessoas a viver em união com ele. O Cristianismo sempre afirmou que permanecer só é uma maneira especial de amar e servir a Deus, e não algo negativo aceito à força por aqueles que não têm sorte suficiente para encontrar um Edward. A vida solitária cristã é uma opção positiva de especial relevância no plano de ação de Deus. Em 1 Coríntios, Paulo escreve alguns conselhos à comunidade a respeito de como tratar o casamento e a solteirice. A mensagem mais importante que fundamenta seus conselhos é que "o tempo é curto" (7:29). Paulo, sempre esperando pelo retorno de Jesus, tinha profunda consciência da importância do tempo. Ele pretendia que todos os cristãos, solteiros ou casados, devotassem a vida inteiramente a Deus, usando o pouco tempo que nos é dado para amar e servir com tudo o que somos.

Paulo ressalta que a solidão cria uma oportunidade única para os cristãos se devotarem a Deus. Como pastor dedicado que era, ele diz ao povo daquela igreja:

> Gostaria de vê-los livres de preocupações. O homem que não é casado preocupa-se com as coisas do Senhor, em como agradar ao Senhor. Mas o homem casado preocupa-se com as coisas deste mundo, em como agradar sua mulher, e está dividido. Tanto a mulher não casada como a virgem preocupam-se com as coisas do Senhor, para serem santas no corpo e no espírito. Mas a casada preocupa-se com as coisas deste mundo, em como agradar seu marido. (1 Coríntios 7:32-34)

Apesar de Paulo afirmar o casamento como algo bom, ele não quer que esqueçam que Deus é mais importante que tudo. Permanecer solteiro abre espaço para a vida devotada a Deus. Com amor, Paulo espera que ao menos algumas pessoas da igreja optem pela liberdade especial da vida solitária, uma vida que permite a devoção total ao Senhor.

Acredito que Paulo aprovaria o pensamento das autoras Christine Colón e Bonnie Field, que incentivam os cristãos a resgatar os benefícios da vida solitária e a celebrar a maneira com que Deus age através dela. Elas nos incentivam a "resistir à tentação de imaginar que a vida só começa de verdade depois de casado. É preciso trabalhar pelo desenvolvimento de uma fé mais complexa em vez de limitá-la a uma instituição restritiva, de ansiar pelo casamento em vez de basear os conceitos sobre a fidelidade de Deus na presença ou ausência do esposo e dos filhos que desejamos".[8] Essa sábia reflexão se aplica não apenas aos benefícios da vida solitária, mas a todos que são tentados a crer que a realização ou uma vida real podem ser encontradas por algum meio que não a união com o Deus vivo. Precisamos sonhar não com casamentos de contos de fadas, mas com as coisas que Jesus pode fazer e que fará em nossa vida quando nos transformar.

Vantagens do casamento

A maioria das igrejas que conhecemos incentiva o casamento, de forma que pode parecer surpreendente descobrir que houve momentos na história em que os cristãos tiveram de defender a ideia de que o casamento é um presente de Deus. Algumas pessoas chegaram até a alegar que o casamento era algo perverso. No passado da igreja, um pregador nascido na África de nome Agostinho assumiu a tarefa de defender o casamento para pessoas que acreditavam que o sexo era vergonhoso e que a vida solitária era a *única* vida cristã aceitável. As

---

[8]COLÓN, Christine A.; FIELD, Bonnie E. *Singled Out:* Why Celibacy Must Be Reinvented in Today's Church. Grand Rapids: Brazos, 2009, p. 224.

reflexões de Agostinho sobre o bem realizado por Deus por intermédio dos casamentos influenciou vários cristãos por séculos. Ele cita três coisas boas que Deus realiza por meio do casamento cristão: a fidelidade entre os casais, a dádiva dos filhos e o modo com que o casamento pode voltar as pessoas para Deus. Os seres humanos, egoístas, conseguem transformar casamento em algo terrível, mas Deus faz uso dessas três coisas para nos afastar do egocentrismo.

A primeira vantagem do casamento nasce da fidelidade que Deus cria entre os casais. Apesar de nós, pessoas egoístas, podermos desejar que o casamento — e a vida — seja completamente voltado para nós mesmos, a vida conjugal demanda uma preocupação constante com o esposo, tratando não apenas de mim, mim, mim. Já falei anteriormente sobre como a fidelidade é algo pouco usual neste mundo. E porque a fidelidade nada contra a corrente em nossa cultura, ela pode servir como belo testemunho da bondade de Deus. Ela permite que maridos e mulheres demonstrem uns aos outros a bondade de Deus, e permite que os casais demonstrem a bondade de Deus para o mundo.

Jesus trata da importância da fidelidade quando manifesta com firmeza a reprovação ao divórcio. Jesus lembrou às pessoas que a fidelidade era parte do plano de amor de Deus desde a criação: "Vocês não leram que, no princípio, o Criador 'os fez homem e mulher' e disse: 'Por essa razão, o homem deixará pai e mãe e se unirá a sua mulher, e os dois se tornarão uma só carne'? Assim, eles já não são dois, mas sim uma só carne. Portanto, o que Deus uniu, ninguém separe" (Mateus 19:4-6). Jesus explica que o divórcio tinha sido criado por conta da dureza dos corações humanos, mas que Deus não pretende que as coisas sejam assim.

A fidelidade é mais que ser casado sem trair a esposa ou o marido. A vantagem da fidelidade também está nas interações cotidianas do casamento. Não é fácil se manter fiel à afabilidade, todos os dias, ano após ano. Não é fácil permanecer fiel no apoio ao parceiro. Não é fácil permanecer fiel nos afazeres domésticos — tirar o lixo, pagar contas, trabalhar, lavar pratos — tarefas que têm de ser feitas para uma convivência feliz e pacífica. Em todo casamento haverá escorregões nos diversos aspectos da fidelidade, momentos em que um dos cônjuges se esquecerá de ser respeitoso e atencioso. A dedicação mútua não é tarefa fácil. Com o passar do tempo, entretanto, o casamento pode se tornar um laboratório para o aprendizado da fidelidade cotidiana, fidelidade que pode vir a ser uma prova maravilhosa do amor de Deus.

A segunda vantagem provinda do casamento é a dádiva de ter filhos. Falarei mais sobre filhos no próximo capítulo, mas, por ora, é importante perceber que a dádiva dos filhos é um dos presentes mais especiais que Deus dá por meio do casamento. Por sermos egoístas, é possível que queiramos ser o centro da vida, mas ser pai exige que amemos e cuidemos dos filhos.

Em relação a ter filhos, percebemos que o casamento não consiste apenas de duas pessoas que disseram "Aceito". Subentende-se que o casamento também faça o bem por outras pessoas. A união serve para dar corpo ao amor e à bondade de Deus para com os filhos. Essa dádiva do casamento pode servir para ir além de cuidar e amar os filhos. Deus pode usar o casamento para mostrar seu amor por *outras* pessoas, pessoas que não pertencem à família. É possível ao casal demonstrar esse amor ao dar aulas, ao servir às pessoas necessitadas ou ao abrir o lar de forma tal que a hospitalidade se espalhe para muitas pessoas. Ainda melhor, a união permite que um casal some esforços para demonstrar o amor de Deus ao mundo de formas que não seriam possíveis se estivesse separado.

A terceira vantagem do casamento é percebida pelo modo com que pode direcionar as pessoas para Deus. Quando Agostinho discorreu sobre essa vantagem do casamento, disse que as duas anteriores — a fidelidade e os filhos — são vantagens de todo e qualquer casal, mas que esse terceiro dom é uma bênção exclusiva do casamento cristão. A união entre os casais é um sinal da união das pessoas com Deus. O casamento é algo bom, mas isso não significa que manter um casamento é algo fácil. Os casais cristãos acabarão percebendo que têm de se voltar para o poder de Deus se esperam que o casamento seja uma prova do amor de um pelo outro, por seus filhos ou pelo mundo.

O casamento, por intermédio do poder de Deus, pode ser um belo exemplo de amor verdadeiro. Qualquer pessoa que tenha sido casada pode afirmar que o amor verdadeiro nem sempre se parece com o amor romântico e frenético que admiramos nas histórias e nos filmes, como vemos entre Bella e Edward. O amor verdadeiro se baseia no amor de Deus. Ele nos condiciona a sermos menos egoístas e a prestar mais atenção nas outras pessoas — mulheres e maridos, filhos ou estranhos — e, melhor ainda, nos condiciona a confiar em Deus e a encontrar conforto em seu perfeito amor por nós.

Para refletir/Para debater

1. Quais são seus sentimentos acerca do casamento? Eles são confusos, como os de Bella? Você despreza ou romanceia o casamento?
2. Quais são os riscos de se desprezar o casamento? E de concentrar todos os sonhos no casamento?
3. Você conhece algum exemplo inspirador de um cristão que seja devotado a Deus no celibato? E no casamento? De que modo a vida dessas pessoas funciona como modelo para testemunhar o amor de Deus, para você?
4. Há diferenças entre a compreensão cristã do casamento e a compreensão que vemos no mundo? De que forma Deus pretende que o casamento seja bom?

Capítulo 7

Filhote de monstro ou filho precioso?

Filhos na saga *Crepúsculo*

A maioria dos leitores da saga *Crepúsculo* não fica surpresa quando a história de amor acaba em casamento, mas Meyer surpreende o público quando o casal recém-casado decide ter um filho. Filhos e gravidez são temas que não aparecem com frequência nos romances voltados para adolescentes, e as reações do público leal de Meyer a essa reviravolta são as mais variadas possíveis.

Bella engravida durante a lua de mel e o bebê, a quem ela ama, ameaça destruí-la. A situação e a resposta dada a ela levantam muitas questões para os leitores no que diz respeito ao sentimento ligado à paternidade, exigindo uma reflexão sobre a dádiva de Deus de ter filhos.

O bebê que devora por dentro

A lógica da existência dos vampiros criada na saga *Crepúsculo* — os vampiros estão tecnicamente mortos e não podem sofrer mudanças físicas — sugere que seria impossível, mas o casal recém-casado descobre que Bella está grávida. De forma surpreendente e assustadora, o casamento entre Bella e Edward resulta uma nova vida. O vampiro e a humana se tornam pais.

O primeiro sinal aparece quando Bella passa a comer com muita voracidade. Então, depois de um período de tempo muito curto, ela sente o bebê mexer. Ela passa a amar a criança no mesmo instante, de maneira irrevogável. "A partir daquele pequeno toque", diz, "o mundo inteiro mudou. Onde antes havia só uma coisa sem a qual eu não poderia viver, agora eram duas. Não havia divisão — meu amor não estava dividido entre eles; não era assim. Era mais como se meu coração tivesse crescido, inchado até duas vezes seu tamanho. Todo o espaço extra já preenchido. O aumento era quase vertiginoso".[1] O amor por Edward facilmente se desdobra para se estender à criança.

A fome gigantesca de Bella é um indicador prematuro de que o bebê fará grandes exigências ao corpo dela. Edward sente o perigo rondar sua amada de imediato, e reage da mesma forma como fez por toda a saga. Ele se dispõe a fazer o que for preciso para salvá-la e protegê-la. Furioso e amedrontado pela constatação do risco que Bella corre, Edward se convence de que o bebê é abominável, um monstro. Bella discorda plenamente. Ela está surpresa, é claro, e jamais desejara ou imaginara ser mãe, mas, quando acontece com ela, a maternidade parece totalmente natural.

A lua de mel é abreviada por conta da gravidez inesperada, que evolui muito mais rapidamente que o período de nove meses típico dos humanos, e o casal volta para casa.

Não demora para que a ameaça da gravidez de Bella se materialize. Edward e Carlisle planejam dar um fim à gravidez antes que a garota sofra alguma coisa, e Edward diz a ela: "Vamos tirar essa

[1]MEYER, Stephenie. *Amanhecer*. Rio de Janeiro: Intrínseca, 2009, p. 107-8.

coisa antes que possa ferir você. Não tenha medo. Eu *não* vou deixar que ele a machuque."[2] No entanto, Bella está decidida a proteger o bebê a qualquer custo. Ela encontra uma aliada e uma protetora em Rosalie. Rosalie e Bella sempre se provocaram. Jamais entenderam uma à outra, mas agora passam a se unir na decisão de defender o bebê. Quando se tornou vampira, Rosalie perdeu a oportunidade de ser mãe, um de seus maiores arrependimentos. Ao ficar grávida, Bella passa a viver aquilo que Rosalie sempre sonhou, por isso a bela vampira fica ao seu lado.

A situação é demasiadamente séria. O bebê metade vampiro parece sugar a vida de Bella, chegando perto de matá-la conforme cresce. Aqueles que se importam com Bella só conseguem ajudá-la e dar a ela a força necessária para suportar a gravidez fazendo com que ela beba sangue humano. Mesmo antes de se tornar vampira, Bella recorre ao sangue para sua própria sobrevivência e para a sobrevivência de seu filho.

Quando Jacob descobre o estado de Bella, ela já está fraca e prestes a morrer. Pela primeira vez ele concorda com Edward e sugere que o vampiro force Bella a optar pelo aborto. Jacob chama o bebê de "filho do monstro".[3]

A matilha de lobisomens de Jacob acaba descobrindo sobre a gravidez e a consideram uma ameaça anormal e perigosa, uma ameaça a qual estão obrigados a eliminar. Os lobisomens decidem destruir Bella e o bebê, o que faz com que Jacob deixe a matilha para se juntar aos Cullen na tentativa de defender Bella. Apesar de surpreendido pela gravidez, ele faz qualquer coisa para manter a jovem a salvo.

O bebê vampiro só pode vir à luz causando a morte da mãe. Algo na gravidez vampiresca transforma o ventre de Bella de modo

---

[2] *Amanhecer*, p. 108.
[3] *Amanhecer*, p. 144.

que o nascimento não pode acontecer de forma normal, implicando que o bebê tenha de nascer por meio de uma cesariana. Rosalie dá início à cirurgia, mas ela tem de se afastar da tentação do sangue humano e Edward literalmente arranca o bebê com seus fortes dentes de vampiro de dentro da esposa. É difícil imaginar uma cena mais repulsiva e pavorosa. Ossos se quebram e sangue espirra por todo lado. O parto é mais do que perigoso para Bella. Ela dá todos os sinais de estar morta. Edward e Jacob estão certos de que a perderam, mas no exato momento em que o nascimento do bebê está para matar Bella, Edward finalmente a transforma em vampiro cravando uma seringa cheia com seu veneno no coração dela.

O bebê é menina e ganha o nome de Renesmee, em parte pelo nome da mãe de Bella, Renée, e a outra pelo nome da mãe de Edward, Esme. Bella comemora por ter superado os perigos e as dificuldades para se tornar mãe de Renesmee: "Eu tinha conseguido. Contrariando todas as probabilidades, fora bastante forte para sobreviver a Renesmee, para mantê-la até que ela fosse forte o suficiente para viver sem mim."[4] Depois do parto, todos os membros da família se dedicam inteiramente à criança, a ponto de fazer qualquer coisa para garantir sua segurança. Mesmo Jacob, que planejara matar o bebê por machucar Bella, dá uma guinada completa. Quando vê a jovem Renesmee, sofre um *imprinting* com ela, encontrando sua alma gêmea. Com a mesma pressa da evolução da gravidez, Renesmee cresce com velocidade assombrosa. Os vampiros mestiços, aparentemente, não precisam passar anos na dependência alheia para amadurecer. Todos que conhecem Renesmee passam a adorá-la, e toda a família fará o que for preciso para mantê-la a salvo.

---

[4] *Amanhecer*, p. 290.

Vida amorosa

Deus é o criador da vida e, como filhos de Deus, somos muito gratos pelos dons que Deus concede. Essa verdade é o fundamento da atitude cristã em relação à vida, atitude pela qual protegemos a vida e reconhecemos Deus como quem a controla, incluindo a vida dos que ainda não nasceram.

Nos primórdios da igreja, a sociedade romana era pagã e indiferente quanto à vida dos indefesos. Os antigos romanos expunham as crianças indesejadas à sorte, abandonando-as para morrer, e o aborto era uma prática corrente. Nossa sociedade também é indiferente em relação à vida dos fracos e, assim como nossos irmãos e irmãs ancestrais, os cristãos de hoje devem agir de forma a expressar o amor e a preocupação por toda forma de vida, pela vida dos indefesos e pela vida dos que ainda não nasceram.

Glen Stassen e David Gushee são professores que já dedicaram muitos estudos à ética na vida cristã, e eles desafiam os cristãos a perceber que amar a vida significa amar a vida em todos os estágios. Somos tentados a "preferir morrer a ficar vivos", não apenas no começo da vida, mas também no meio e no fim dela. Não obstante, Stassen e Gushee sustentam a esperança que Jesus provê "caminhos de libertação" que nos mostram como "resistir às forças que diminuem e destroem a vida".[5]

Um aborto geralmente acontece quando a mãe sente algum tipo de desespero. Quando as mulheres perdem o apoio — emocional, financeiro ou espiritual — por vezes se sentem compelidas a abortar como única maneira de deixar o que parece uma situação sem saída. É preciso que a igreja encontre maneiras de oferecer um apoio real aos pais que passam por isso. Stassen e Gushee defendem que "o úni-

---

[5]STASSEN, Glen H.; GUSHEE, David P. *Kingdom Ethics:* Following Jesus in Contemporary Context. Downer´s Grove, IL: InterVarsity Press, 2003, p. 215.

co modo de defender a vida é libertando a população das causas do aborto".[6] Apesar de Bella decidir por proteger sua gravidez, a situação em que ela está é desesperadora, sendo Rosalie seu único apoio. Talvez a história nos desafie a criar situações em que a gravidez não traga desespero, mas esperança.

Sinto-me inspirada pela firme decisão de Bella de proteger a vida de seu bebê inesperado. Em nossa sociedade, é cada vez mais comum vermos mães sendo aconselhadas a abortar quando os bebês que carregam são vistos, como no caso da filha mestiça de vampiro com humana, como filhos "anormais". É comum serem oferecidos aos pais exames genéticos, e bebês diagnosticados como portadores da síndrome de Down e de outras doenças genéticas com frequência são abortados. É preciso coragem para ir contra a pressão social e amar e proteger crianças indefesas, como fez Bella. As Escrituras nos aconselham o tempo todo a proteger os mais frágeis e a defender aqueles que não têm defensores.

Gravidez, parto e maternidade

Bella é uma mãe corajosa, mas outras mensagens passadas por sua história são bastante perturbadoras. A história propagandeia temores de que a gravidez, o parto e a maternidade são perigosos e têm a capacidade de destruir. É comum ter algum medo de que a maternidade arruíne a forma física, que nos roube a liberdade e que nos faça perder algo, mas é difícil imaginar um retrato de gravidez e parto mais aterrorizantes do que o que vemos na saga *Crepúsculo*.

Gravidez não é doença, e parto não equivale a emergência médica. Em uma sociedade na qual várias pessoas jamais viram o

[6] *Kingdom Ethics*, p. 227.

nascimento de um bebê, a cesariana sangrenta e vampiresca de *Amanhecer* pode parecer particularmente assustadora, mas o parto de uma criança pode ser um acontecimento feliz e precioso. Não precisa ser violento nem perigoso.

Sim, um bebê muda toda a vida, mas não, eles não nos destroem. A gravidez pode ser de fato incômoda, mas bebês não sugam a vida das mães. O parto realmente é uma experiência marcante, mas não algum tipo de morte. Não pretendo aqui idealizar a gravidez e o parto, mas quero que garotas e mulheres, em especial as que não tiveram filhos, saibam que há muita coisa bela e especial nessa parte da vida feminina. No Novo Testamento, ser mãe é descrito como "vocação e privilégio",[7] uma dádiva de Deus.

No entanto, há algumas verdades misturadas com a mentira de que a maternidade acaba com a mãe. Ter um filho *é* uma mudança radical na vida. A gravidez não é a coisa romântica e confortável que aparece representada pelas estrelas da mídia fazendo papel de mãe. Entre outras coisas, a gravidez inclui muitas viagens ao banheiro, aversões esquisitas a comidas, náuseas e um cuidado médico que invade qualquer senso de privacidade que você possa imaginar. Bebês não são apenas fofos. Também são criaturas bagunceiras e babonas que sujam muitas fraldas. Ao contrário de Renesmee, eles não ficam crescidos de uma hora para outra. Filhos necessitam de anos de cuidados permanentes, e é preciso um bom tempo antes de eles poderem dizer "Eu te amo" de volta para seus pais. Bebês não são brinquedos fofinhos; são seres humanos que vivem, respiram e têm necessidades. Ser pai exige muito tempo e energia, e não é algo com que se deve brincar.

---

[7]KOSTENBERGER, Andreas. Marriage and Family in the New Testament. In: *Marriage and Family in the Biblical World*, ed. Ken M. Campbell. Downer´s Grove, IL: InterVarsity Press, 2003, p. 272.

Mas, apesar das mudanças que os filhos causam e das exigências que eles fazem, a maternidade não é ruim. A responsabilidade diária de cuidar de um filho nos força a amar alguém além de nós e a reconhecer nosso próprio egoísmo. Deus pode usar a paternidade como meio de nos ensinar a ser menos egoístas, de nos treinar para refletir melhor o amor de Deus.

De todos os acontecimentos da saga *Crepúsculo*, a maternidade de Bella foi o que atraiu a maioria das resenhas dos leitores, incluindo aí fãs e críticos. Alguns disseram que Meyer glorificava a gravidez adolescente, outros lamentaram o modo com que a história faz o parto parecer horripilante. Acredito, porém, que deva ter sido ainda mais complicada para os fãs essa questão. Para aqueles que se identificaram em todos os detalhes com Bella, a gravidez inesperada pode ter sido difícil de lidar. Ao que parece, a maternidade parece algo distante e alheio para muitos leitores.

Mas não faz mal nenhum gastarmos algum tempo para refletir sobre as intenções de Deus a respeito de pais e filhos. A gravidez não deve ser romanceada ou glorificada, mas também não pode ser menosprezada. Na história de Deus, a gravidez faz sentido como uma dádiva divina, uma bênção que é parte do casamento, algo para ser aproveitado e protegido. Não precisamos ter medo de a gravidez estragar o corpo, porque sabemos que os corpos existem apenas para a glória de Deus. Jamais senti alegria maior por meu corpo do que quando vi que ele podia alimentar meus filhos. Na história de Deus, a noiva grávida não seria devorada ou destruída por um marido ou um filho. Em vez disso, marido e filho são vistos como dons graciosos, como parte do plano de Deus para uma vida consagrada em sua glória.

Amando os filhos

Assim como a gravidez inesperada de Bella faz com que ela reflita sobre o que é amar um filho, espero que o mesmo aconteça conosco, como também espero que a *maneira* com que amamos seja baseada nas Escrituras, o testemunho de Deus para nós. Lançando um olhar bíblico que nos ajude na reflexão sobre os filhos, vários temas importantes podem contribuir para modelar nossos pensamentos e nossas ações. Em primeiro lugar, filhos são uma grande dádiva, que provém de Deus. Depois, Deus estabelece entre pais e filhos uma relação que ele pretende que seja boa para os filhos e que sirva para ensinar sobre Deus. Por fim, Jesus valoriza os filhos e nos ensina que neles há algo que reflete o reino do Senhor.

Por repetidas vezes as histórias das Escrituras apresentam os filhos como um importante dom de Deus. Tal dom é parte das boas intenções de Deus voltadas aos casais, refletidas nas palavras de Deus desde a criação: "Sejam férteis e multipliquem-se" (Gênesis 1:28). Essas palavras são uma bênção. O fato de os filhos serem uma dádiva de Deus indica que não se trata de algo que nós, seres humanos, podemos controlar. É uma dádiva que não nos pertence por direito, mas pertence a Deus.

Há muitas histórias nas Escrituras em que pessoas que pensavam jamais poderem ter filhos se tornaram pais de forma súbita e inesperada. Sara e Abraão já estavam velhos, mas Deus prometeu que fundariam uma nação e lhes deu um filho, Isaque, quando isso parecia impossível. Raquel tinha inveja de sua irmã Lia, que tivera muitos filhos, mas Deus deu a ela um filho. Isabel, mãe de João Batista, também se tornou mãe contrariando as expectativas, inclusive a sua própria. Ana rogou para ter um filho, e quando nasceu Samuel, ela consagrou a vida do filho a Deus.

Em todos esses exemplos, vemos que Deus é o criador da vida, provedor de filhos que surpreendem os pais e que se tornam o meio pelo qual Deus mantém sua promessa. É Deus, não nós, que concede a vida.

Por causa disso, dar à luz uma criança e cuidar dos filhos pode não ser a tarefa mais importante da vida de uma pessoa. Deus é sempre mais importante. Deus testa Abraão quando pede que ele lhe dê o filho Isaque, ainda que Isaque seja o filho que Deus prometeu e o meio por que Deus usará Abraão para fazer algo relevante para o mundo.

As Escrituras também tratam de como Deus pretende que um bom relacionamento entre pais e filhos se desenvolva. Filhos são uma bênção para os pais, e subentende-se que os pais cuidem deles. Os pais têm a responsabilidade de cuidar dos dons que Deus provê. As Escrituras falam da importância de os pais ensinarem a seus filhos sobre quem é Deus e sobre o que Deus fez pelo mundo.

O relacionamento entre pais e filhos deve ser mútuo. Pais e filhos devem colher bons frutos dessa interação. Espera-se dos filhos que "obedeçam a seus pais" (Colossenses 3:20), e dos pais, em troca, que "não irritem seus filhos, para que eles não desanimem" (versículo 21). Na época em que essas palavras foram escritas, não causava surpresa a ninguém que fosse exigida dos filhos obediência, mas a ordem para que os pais agissem como guardiães zelosos e responsáveis era incomum. Pais têm a responsabilidade de dar apoio e disciplina, mas devem fazê-lo de maneira que reflitam o amor de Deus, não como tiranos.

Também vemos na Bíblia que Jesus trata as crianças de modo especial, a ponto de seus amigos se surpreenderem. No livro de Mateus, lemos sobre como Jesus "chamando uma criança, colocou-a no meio deles, e disse: 'Eu lhes asseguro que, a não ser que vocês se convertam e se tornem como crianças, jamais entrarão no Reino dos céus. Portanto, quem se faz humilde como esta criança, este é o maior no Reino dos céus'" (18:2-4). O reino de Jesus é um lugar onde, assim como para as crianças, o *status* não importa. A humildade diante de Deus, a obediência e a confiança na bondade de Deus são maneiras pelas quais nos fazemos crianças.

Filhos de Deus

Quer sejam jovens ou idosos, filhos ou pais, todos os seres humanos são como crianças na relação com Deus. Somos todos vulneráveis, todos dependentes. Somos amados e protegidos por nosso Criador, e todos devemos ir a Deus com a humildade e a confiança que Jesus tanto valorizava nas crianças que conhecia.

Algumas pessoas têm pais maravilhosos e outras têm pais horríveis, mas apesar de como os pais humanos são, Deus é digno de confiança e nos oferece um amor infalível. Deus nos deu em Jesus tudo o que pertence por direito a seus filhos. Não somos estranhos; somos filhos e filhas de Deus. Não somos pedintes na porta de Deus, mas membros amados da família, filhos que Deus fez "herdeiros" (Gálatas 3:29). Deus nos presenteia com a dádiva de uma união amorosa com ele.

Em 1 João, lemos palavras de celebração e promessa. Podemos regozijar no fato de sermos filhos de Deus e de que Deus nos promete coisas boas:

> Vejam como é grande o amor que o Pai nos concedeu: sermos chamados filhos de Deus, o que de fato somos! Por isso o mundo não nos conhece, porque não o conheceu. Amados, agora somos filhos de Deus, e ainda não se manifestou o que havemos de ser, mas sabemos que, quando ele se manifestar, seremos semelhantes a ele, pois o veremos como ele é. (3:1,2)

Para refletir/Para debater

1. Qual foi sua reação à gravidez inesperada de Bella em *Amanhecer*?
2. Quando pensa na possibilidade (ou realidade) de ser mãe, você tende a ter uma ilusão romântica? Medos assustadores?
3. Ler sobre a história de Bella faz com que você reflita sobre a atitude cristã para com a vida? Sobre a posição da sociedade em relação ao aborto?
4. Como o tratamento dado às crianças nas Escrituras influencia seu modo de agir em relação às crianças em sua vida?
5. Você consegue encontrar conforto na promessa de ter sido feito filho de Deus? O que isso significa em sua vida? Quais são os privilégios de ser um filho de Deus?

Capítulo 8

Força sobre-humana

Crepúsculo e boa vida

A família de Edward se une em torno do compromisso de serem "bons" vampiros. Eles lutam contra a própria natureza. Fazem um esforço tremendo para resistir à sede de sangue humano, e esse esforço é uma parte intrigante do drama da história. A saga *Crepúsculo* deixa implícito que há diferentes maneiras de refletir sobre o que significa ser bom ou mau. Ela encerra ainda uma reflexão peculiar sobre o conflito entre o bem e o mal e sobre como podemos viver uma vida relevante.

Nós, cristãos, também temos meios pelos quais refletir sobre a bondade, a violência e o esforço para sermos éticos. Esses temas são fundamentais para a compreensão do que é errado na vida e o que faz Deus para nos salvar.

Vampiros vegetarianos

Enquanto os vampiros têm sede de sangue humano, Edward e sua família escolhem aplacar tal sede caçando animais de grande porte.

Edward explica para Bella: "Comparo isso a viver de tofu e leite de soja; nós nos dizemos vegetarianos, nossa piadinha particular."[1] O sangue de animais, como ursos, serve de sustento, mas não satisfaz o desejo deles nem os fortalece do mesmo modo que o sangue humano faria.

O drama da escolha dos Cullen por viver sem afetar a vida humana nasce do entendimento que Meyer nos dá sobre a intensidade com que desejam sangue humano. Se o desejo não fosse tão forte, tão arraigado na existência deles, o autocontrole demonstrado não seria tão impressionante. A todo instante e dia após dia, eles têm de dominar seus impulsos mais sombrios.

Desejar sangue humano é inerente aos vampiros. É essencial à natureza deles, parte das profundezas de sua constituição. Até mesmo as características físicas são destinadas a atrair iscas humanas. Eles são fortes de modo sobrenatural, caçadores implacáveis, e nenhum ser humano tem alguma chance contra eles. Além de tudo isso, são incrivelmente belos, atraindo humanos para si do mesmo modo com que flores atraem abelhas. Edward brinca com o que é quando diz a Bella: "Sou o melhor predador do mundo, não sou? Tudo em mim convida você... Minha voz, meu rosto, até meu *cheiro*. Como se eu precisasse disso!"[2]

Conforme passa a conhecer Edward, Bella percebe que assassinar humanos simplesmente *é* da natureza dos vampiros. Ela pergunta a ele: "Por que você faz isso? (...) Ainda não entendo como pode se esforçar tanto para resistir ao que você... *é*. Por favor, não me entenda mal, é claro que fico feliz que resista. Só não vejo por que você se conforma com isso."[3] A maioria dos vampiros não se conforma. Muitos dos momentos mais tensos da história acontecem quando os vampiros dão

---

[1]MEYER, Stephenie. *Crepúsculo*. Rio de Janeiro: Intrínseca, 2009, p. 141.
[2]*Crepúsculo,* p. 194.
[3]*Crepúsculo,* p. 224.

vazão a seus instintos e tomam uma vida humana. Bella presencia os Volturi atraindo um grupo de pessoas para assassinarem, e estremece pelo modo com que cedem à natureza sedenta sem qualquer demonstração de hesitação ou remorso.

Violência

A bondade dos Cullen e a constituição ética do universo que Meyer construiu são centradas na rejeição à violência. Ao mesmo tempo, a violência permanece como parte importante da história, e a maioria dos personagens se envolve em lutas e mata inimigos.

Jasper, irmão de Edward, tem um passado particularmente violento. Quando vampiro recém-convertido, era usado por outro vampiro, com enorme sede de poder, para seu próprio benefício em uma guerra entre vampiros. Jasper é responsável por uma incrível quantidade de mortes. Ao explicar seu passado, Jasper reflete sobre os efeitos que o envolvimento com a violência causa na vida moral e nas relações humanas. Jasper acredita que os "anos de matança e carnificina" o transformaram em "um monstro dos mais terríveis".[4] Viver em meio à violência acabou devorando o que ele era, danificando seu caráter mais básico. Ele também acredita que a violência interfere na relação com os outros, dificultando a formação de laços duradouros. "Quando você vive para a luta, para o sangue", diz, "as relações que forma são tênues e se rompem facilmente".[5] Eleazar, um vampiro amigo dos Cullen e também vegetariano, confirma o raciocínio de Jasper sobre como viver sem a violência permite relações mais bem construídas. Eleazar explica que "abster-se de sangue humano nos torna mais civilizados... permite que formemos verdadeiros vínculos de amor".[6]

---

[4]MEYER, Stephenie. *Eclipse*. Rio de Janeiro: Intrínseca, 2009, p. 217.
[5]*Eclipse*, p. 217.
[6]MEYER, Stephenie. *Amanhecer*. Rio de Janeiro: Intrínseca, 2009, p. 455.

Assim, muitos aspectos da violência funcionam na saga *Crepúsculo* como uma crítica à violência. Os personagens valorizam a vida humana e a capacidade de viver em paz. Eles percebem que a violência muda as pessoas e as comunidades ao destruir a compaixão, a confiança e a possibilidade de se formar laços estreitos uns com os outros. Os Cullen se dispõem a lutar contra seus instintos mais básicos para viver sem violência.

Mas outros aspectos da história fazem a violência aparecer com viés mais favorável. A violência é vista como uma resposta natural a qualquer ameaça, e diz-se que os personagens masculinos têm inclinação para a luta e a vingança. Todos os livros contêm uma ameaça que é enfrentada ou combatida, apesar de a batalha ser evitada em *Amanhecer*, mesmo depois de as personagens se prepararem intensamente.

De diferentes maneiras os vampiros da história têm maior consciência da dificuldade moral inerente à violência do que Bella. Apesar de os vampiros e os lobisomens próximos a ela não se furtarem à violência quando ameaçados pelo inimigo, não significa que a aceitem com facilidade. Em certo momento, Edward se volta para Bella, incrédulo: "Eu simplesmente decapitei e desmembrei uma criatura senciente a menos de vinte metros de você. Isso não a *perturbou*?"[7] Mas o ocorrido não perturba Bella.

Enquanto cristãos, seguimos um Senhor que é o Príncipe da Paz. Ele aconselha seus seguidores a rejeitar a violência, e ele próprio se submeteu à morte quando muitas pessoas preferiam que liderasse uma rebelião violenta contra o governo. Nem sempre os cristãos concordam no que diz respeito a viver uma vida fiel a Jesus nesse aspecto. Alguns acreditam que os cristãos podem participar da violência de forma a proteger os fracos. Outros estão convencidos de que a prova mais fiel do amor a Jesus é dada quando recusamos todo tipo de vio-

[7] *Eclipse*, p. 397.

lência, mesmo que isso signifique pagar, por ele, com a própria morte. Apesar de nem todos os cristãos concordarem sobre como responder à violência no mundo, todos concordam que ela não deve ser tomada como brincadeira. Talvez o papel da violência na saga *Crepúsculo* sirva para alimentar a discussão sobre os efeitos nocivos da violência no mundo, e sobre como podemos ser testemunhos contra a violência e a favor do amor de Deus.

Resistindo à transformação

A história de Carlisle explica por que ele e sua família fazem o tremendo esforço necessário para rejeitar o que são e para lutar contra a própria natureza, contra a própria existência. Carlisle, em sua vida humana, fora o filho de um pregador fanático, um homem que caçava o mal e a escuridão sob todas as formas e que se devotara a destruir vampiros. Carlisle encampou a luta de seu pai e acabou sendo mordido. Quando percebe que estava se tornando um dos monstros que seu pai tanto se dedicara a destruir, entra em crise. Ele não consegue se conformar a viver como um ser maligno. Desesperado e cheio de ódio por si, ele luta contra a intensa vontade de tomar as vidas humanas, agora parte daquilo que se tornara.

Ele decide rejeitar o modo de vida das criaturas assassinas que ele mesmo caçava e superar sua nova natureza, os anseios criados por ela e a destruição de vidas humanas. Carlisle descreve a opção como escolha, um ato de espontânea vontade. "Como tudo na vida", explica a Bella, "só tive de decidir o que fazer com o que me foi dado."[8] Porém, nesse caso, o que lhe fora dado era uma natureza que desejava sangue humano, e a decisão de rejeitar tal natureza de modo algum fora fácil.

---

[8]MEYER, Stephenie. *Lua nova*. Rio de Janeiro: Intrínseca, 2009, p. 34.

A base do caráter moral de Carlisle fora moldada pela antiga natureza humana, que defendia os outros do mal. A compaixão pelo próximo é traço tanto de sua vida humana quanto de sua vida vampiresca. Ele rejeita o fanatismo e a teimosia de seu pai, mas se mantém firme ao menos a um aspecto de sua criação. Ele diz a Bella: "Eu não concordava com a crença particular de meu pai. Mas nunca, nem em quatrocentos anos, desde que nasci, vi algo que me fizesse duvidar de que Deus existe, de uma forma ou de outra. Nem mesmo o reflexo no espelho."[9] Carlisle explica: "Sei que isso parece meio estranho, partindo de um vampiro. (...) Mas estou esperando que ainda haja algum sentido nesta vida, até para nós. Admito que as chances são muito poucas (...) Todos dizem que somos amaldiçoados, apesar de tudo. Mas eu espero, talvez como um tolo, que levemos algum crédito por tentar."[10]

No entanto, a fé e a esperança dele em Deus são muito vagas. Ele acredita em Deus "de uma forma ou de outra", mas não demonstra o conhecimento sobre Deus, conforme revelado nas Escrituras, que dê direção à sua esperança. Ele espera por bondade e propósito na vida, mas não tem um alvo para o qual direcionar essa esperança.

Natureza humana e esforço humano

No mundo da saga *Crepúsculo,* o bem faz frente ao mal, e os personagens lutam bravamente para combater seus mais sombrios desejos. Sem dúvida o universo criado por Meyer é baseado na ética, mas as regras da bondade desse universo apresentam diferenças cruciais do modo como os cristãos entendem que a bondade e a ética funcionam. Vamos refletir sobre as maneiras pelas quais tentamos ser bons e

[9] *Lua Nova*, p. 35.
[10] *Lua Nova,* p. 35.

sobre as criaturas que somos, com isso explicarei as diferenças entre a imagem de bondade que vemos na saga *Crepúsculo* e as boas novas relacionadas à bondade que Deus nos oferece.

O desejo vampiresco por sangue humano é profundo, mas ainda é algo que pode ser dominado. Apesar de os Cullen ansiarem por sangue, eles conseguem, pela prática e pelo esforço, manter o impulso latente. Ou, como Carlisle explica: "só porque recebemos... uma mão de cartas... não quer dizer que não possamos levantar as apostas... Conquistar as fronteiras de um destino que nenhum de nós quis".[11] De início, soa inspirador. Parece ser a imagem de uma coragem moral que todos desejamos ter, mas há uma falha crítica nesse modo de pensar. Essa falha revela que tal imagem de coragem moral não é inspiradora, é antes uma receita para o desespero.

A grande inverdade do universo ético da saga *Crepúsculo* é a crença de que os seres humanos *são capazes* de superar a escuridão inerente à própria natureza. Essa inverdade é perigosa, pois acreditar nela significa cair em uma armadilha de sempre tentar escapar do profundo buraco em que nos metemos, sendo que não há um meio fácil pelo qual consigamos nos salvar. Não é possível trabalhar a coragem e fazer-se bom. Não podemos superar nossa própria vileza.

Mas há esperança — a melhor das notícias — por trás dessa imagem aterradora. Deus pode nos resgatar e de fato o faz. Deus consegue transformar a natureza pecaminosa em algo novo e bom. Deus nos oferece a mudança — não uma mudança que possamos *alcançar* por meio de um esforço desesperado, mas uma transformação que *recebemos* na forma de dom.

Na saga *Crepúsculo*, os seres humanos são livres para escolher o bem ou o mal. Quando Carlisle opta pela bondade, ele espera se manter firme à sua essência humana. Mesmo quando a natureza humana

---

[11] *Crepúsculo*, p. 224.

acaba distorcida por uma mordida de um vampiro e o humano se torna monstro, Carlisle descobre que restam bondade e capacidade de lutar contra desejos malignos, que um vampiro pode recusar a sede por sangue humano. Assim, na saga, a vida moral é uma escolha a ser feita. Bondade é uma opção para todos, humanos ou vampiros, que só precisam fazer o esforço necessário. Optar pela bondade não é fácil, mas é certamente possível.

Os Cullen esperam que Deus tome conhecimento dos esforços realizados e os recompense. Edward não é nada otimista quanto a poder ter uma união com Deus, mas Carlisle encontra muito conforto na bondade de Edward. Ele vê tal característica como prova de que Deus será favorável a Edward. Carlisle diz a Bella: "Eu olho para meu... *filho*. Sua força, sua bondade, a luz que emana dele... E isso só alimenta essa esperança, essa fé, mais do que nunca. Como pode não haver mais nada para alguém como Edward?"[12] Bella concorda que a bondade conseguida à base de muito esforço que os Cullen conseguiram atingir deve ser algo que Deus recompensaria. Os pensamentos dela sobre as implicações de ser um vampiro na união eterna com Deus se encerram com a conclusão de que "não conseguia imaginar ninguém, nem mesmo um deus, que não ficasse impressionado com Carlisle. Além disso, o único tipo de paraíso que *eu* podia valorizar teria de incluir Edward".[13]

O retrato da boa vida que encontramos na saga *Crepúsculo* é coerente com a compreensão da natureza humana sustentada pela fé mormonista. Há muitas diferenças importantes entre essa imagem de uma boa vida e as boas novas de Jesus Cristo.

---

[12] *Lua nova*, p. 36.
[13] *Lua nova*, p. 35.

	Na saga *Crepúsculo*	No Evangelho
Natureza humana	Falha, mas essencialmente boa	Boa quando da criação por Deus, mas corrompida pelo pecado
Vontade maligna	Forte e profunda, mas pode ser superada	Chave da compreensão do que somos e do que queremos; inevitável
O que é possível	Escolher entre o bem e o mal	Presos pelo pecado
Esforço	Grandes esforços levam à bondade; maior o esforço, maior a bondade	Não há nada que se possa fazer para atingir o bem
Escapar do mal	Conquistado pelo esforço moral, como recompensa de Deus	Advém da graça de Jesus; um dom que não pode ser conquistado
A boa vida	Requer uma luta constante	Dom dado por Deus; Deus nos transforma

Por sermos criaturas pecadoras, nascidas em um mundo de pecado, não somos mais livres para escolher entre bem e mal. O pecado nos prende com pesadas correntes, e não podemos escapar. Seres humanos são criaturas caídas, e não temos como ficar livres do amor ao pecado, e o pecado não é uma escolha individual. O pecado contamina o mundo e muda aquilo que deveria ser humano. Não é possível *escolher* ignorar o pecado, como não é possível *escolher* crescer mais seis centímetros. Não é possível *esperar* viver em bondade, como não posso *esperar* que meu cabelo cresça loiro e cacheado em vez de moreno e liso. Não é possível *decidir* sair do buraco em que estamos, como não é possível *decidir* aprender a voar.

Em Romanos, Paulo explica que se manifesta uma "justiça de Deus mediante a fé em Jesus Cristo para todos os que creem. Não há distinção, pois todos pecaram e estão destituídos da glória de Deus, sendo justificados gratuitamente por sua graça, por meio da redenção que há em Cristo Jesus" (3:22–24). A retidão — ser bom e justo aos olhos de Deus — não provém de nossos esforços morais, mesmo dos esforços mais extenuantes. Não há exceção à regra do pecado. Todas as pessoas são escravizadas por ele. Ser bom e justo aos olhos de Deus é uma dádiva que ele concede através da fé em Jesus.

Podemos encontrar a liberdade verdadeira ao reconhecer que não é possível se fazer bom por meio dos próprios esforços. Deus consegue nos libertar de todas as tentativas desesperadas e inúteis de se fazer digno. Há algo em você que você pensa que jamais será bom o bastante? Coisas que esconde por acreditar que Deus jamais poderia amá-lo se você demonstrasse? Talvez você seja alguém que estabelece limites e objetivos o tempo todo, decidindo-se a tentar ser melhor, mas que acaba bravo consigo mesmo por ter falhado novamente. Talvez você não se importe em estabelecer objetivos por se sentir muito cansado e muito desanimado por conta dos repetidos fracassos. Se você se sente frustrado com os esforços realizados para melhorar, saiba que não está sozinho. Deus pode libertar de tudo isso, da autodepreciação e dos esforços inúteis para se transformar naquilo que sentimos a obrigação de ser.

Não é possível se forçar a ser bom. A natureza pecadora humana é radicalmente diferente da natureza vampiresca da saga *Crepúsculo* porque *não* pode ser superada por meio de esforço ou vontade. Os seres humanos são escravos do pecado. Estamos atolados em desejos sombrios de forma a não podermos escapar. Tudo isso pode soar demasiado negativo, deprimente ou desesperador, mas, na verdade, é uma situação muito boa. Ela nos liberta dos esforços inúteis que almejam a salvação, que nos forçam a sermos bons. Compreender a maneira pela qual somos feitos cativos pode nos ajudar a descobrir onde depositar as esperanças. Precisamos da graça de Jesus Cristo para esperar pela transformação. Trememos ante a necessidade por graça. Somos incompletos e necessitados de cura.

Graça, graça, graça

Deus derrama graça sobre nós. Toneladas. Graça estupenda. Graça abundante. Graça exuberante. Deus nos concede incontáveis dádivas, e ele não faz isso por sermos merecedores. Deus não as concede por empregarmos muito esforço. As dádivas de Deus são concedidas de forma gratuita, graciosa. Não há requisitos necessários para sermos dignos de recebê-las. Deus concede graças para nos salvar, para nos transformar e para nos fazer verdadeiramente bons. E tudo isso para nós ainda que sejamos incompletos, ainda que falhemos, ainda que pequemos.

O livro de Romanos nos conta sobre essa livre graça. "De fato", Paulo diz, "no devido tempo, quando ainda éramos fracos, Cristo morreu pelos ímpios. Dificilmente haverá alguém que morra por um justo, embora pelo homem bom talvez alguém tenha coragem de morrer. Mas Deus demonstra seu amor por nós: Cristo morreu em nosso favor quando ainda éramos pecadores" (5:6-8). Notem como Paulo ressalta que não tivemos nenhum mérito em tudo isso. Deus nos mostra seu amor oferecendo algo por que nós jamais conseguiríamos nos fazer dignos.

A boa vida

Somos libertados dos esforços inúteis para nos fazermos bons. Porém, isso não significa que Deus não tem planos para nós nem que devemos nos contentar com o pecado e a vileza. Em Romanos 6, Paulo relaciona a dádiva de Deus nos fazer justos aos seus olhos com o dom da graça de Deus de nos fazer bons e nos libertar do pecado escravizador. "Que diremos então? Continuaremos pecando para que a graça aumente? De maneira nenhuma! Nós, os que morremos para o pecado, como podemos continuar vivendo nele?" (versículos 1,2).

Mais adiante, no mesmo capítulo, Paulo fornece uma descrição da boa vida que Deus pretende para nós:

> Da mesma forma, considerem-se mortos para o pecado, mas vivos para Deus em Cristo Jesus. Portanto, não permitam que o pecado continue dominando os seus corpos mortais, fazendo com que vocês obedeçam aos seus desejos. Não ofereçam os membros do corpo de vocês ao pecado, como instrumentos de injustiça; antes ofereçam-se a Deus como quem voltou da morte para a vida; e ofereçam os membros do corpo de vocês a ele, como instrumentos de justiça. Pois o pecado não os dominará, porque vocês não estão debaixo da Lei, mas debaixo da graça.
>
> E então? Vamos pecar porque não estamos debaixo da Lei, mas debaixo da graça? De maneira nenhuma! Não sabem que, quando vocês se oferecem a alguém para lhe obedecer como escravos, tornam-se escravos daquele a quem obedecem: escravos do pecado que leva à morte, ou da obediência que leva à justiça? Mas, graças a Deus, porque, embora vocês tenham sido escravos do pecado, passaram a obedecer de coração à forma de ensino que lhes foi transmitida. Vocês foram libertados do pecado e tornaram-se escravos da justiça. (versículos 11-18)

Sim, os cristãos acreditam na boa vida, mas essa boa vida não é algo que possamos merecer por esforço próprio. Ao contrário, confiamos na bondade de Deus, bondade que Deus compartilha conosco na forma de dádiva gratuita. Por meio dessa dádiva, Deus nos muda, libertando de todas as correntes do pecado e desvelando novas possibilidades para nós. Aquilo que seria impossível através do esforço humano nos é concedido através da graça e da bondade de Deus.

Para refletir/para debater

1. Qual foi a sua reação à ideia de vampiros vegetarianos? O que ela diz sobre o significado de ser bom?
2. A saga *Crepúsculo* ajuda você a repensar suas atitudes em relação à violência?
3. Quais são as principais diferenças entre a boa vida na saga *Crepúsculo* e a boa vida que Deus promete nas Escrituras?
4. De que maneira a vida é afetada pelo esforço e pela luta constantes?
5. De que modo Deus nos liberta do pecado?

Capítulo 9

Meu verdadeiro lugar no mundo

A busca de Bella por um propósito

As perguntas são antigas, mas fundamentais para compreender como a saga Crepúsculo se relaciona a nós, leitores. Qual o significado da vida? Qual é nosso propósito? O que significa ser humano?

A história de Bella certamente trata de encontrar um propósito, de descobrir o significado de sua vida. Por toda a série ela se questiona por conta do desejo de algo mais da vida. No fim, depois de se tornar vampiro e se unir a Edward e sua família, ela encontra a transformação, propósito e significado. A maioria de nós, como Bella, luta para compreender o significado da vida e para encontrar um lugar no mundo. Nós, também, desejamos algo mais, algo que importe. O que podemos aprender com essa busca por significado? E da transformação dela no fim da saga?

Dificuldade em ser humano

No primeiro encontro com os Cullen, Bella fica estarrecida com a beleza deles, que descreve como sobre-humana. Essa beleza inumana é o oposto da percepção que Bella tem de si mesma — ela é, ao menos segundo seu próprio entendimento, absolutamente comum. Muitos leitores se identificam com esse sentimento de insatisfação. Ela é desajeitada e sem graça. Ela não sente pertencer de verdade a lugar nenhum, seja na escola ou em casa.

Conforme a história se desenrola, Bella passa a desejar de modo cada vez mais intenso dar um fim a sua mediocridade humana e partilhar da beleza "inumana" dos Cullen. Parte da frustração que ela sente pela prolongada recusa de Edward de transformá-la em vampiro vem do horror que sente por envelhecer. Para Bella, envelhecer simboliza toda a ambivalência e até mesmo desgosto por sua medíocre vida humana. Ela vê Edward brilhando sob o sol, lindo, glorioso, congelado no tempo. Ele é eternamente jovem. Bella só consegue se comparar a ele de maneira negativa. Ela não brilha. Se Edward não a transformar, ela irá envelhecer, definhar e, por fim, morrer. Identificamo-nos com Bella porque também sentimos essa ambivalência, até mesmo um desgosto, sobre esses aspectos da vida que com frequência parecem não ter sentido. Inúmeros leitores se identificam com a percepção de Bella de não ser especial em nada e de não pertencer a lugar nenhum. Como Bella, temos problemas com o fato de sermos apenas humanos.

Não obstante, muito há para ser amado na medíocre vida humana. Está claro nas Escrituras que Deus pretende coisas boas para os seres humanos. Deus dá propósito e significado para nós. Em Gênesis 1:27, aprendemos que os seres humanos são criados à imagem de Deus. Essa é uma enorme particularidade, uma particularidade valiosa, particularidade que serve para nos dar propósito.

Não é algo pequeno refletir Deus. No decorrer dos anos, os cristãos pensaram sobre o que significa para os humanos ser criado à imagem de Deus, sem, contudo, chegar a um acordo sobre exatamente *o que* em nós reflete a imagem de Deus. As Escrituras apontam para muitas possibilidades. Talvez signifique que nós, como Deus, somos seres espirituais que podem realizar ações espirituais como pensar, falar e ter esperança. Talvez signifique que nós, como Deus, vivamos através dos relacionamentos. Deus não nos criou para sermos sozinhos, mas para amarmos uns aos outros e amarmos a ele. Talvez signifique que nós, como Deus, temos responsabilidade sobre toda a criação. Assim como Deus é o criador, talvez tenhamos de refletir a imagem dele cuidando da criação. Talvez, ainda, ser feito à imagem de Deus signifique refletir uma mistura de tudo isso.

Mas qualquer que seja o significado, os cristãos concordam que ser feito à imagem de Deus tem um significado inabalável sobre a importância e o propósito da vida humana. Fomos feitos para refletir o Deus incrível, amoroso e perfeito que nos criou. Isso implica nossa vida ser valiosa e significativa de maneiras que nem sempre consideramos.

Desejando algo mais

Por que nós, como faz Bella, ainda ansiamos pelo propósito e pelo significado que nossa vida comum não parece capaz de fornecer? Porque algo de errado aconteceu com a vida humana.

Fomos criados à imagem de Deus, o que significa muita coisa, mas os humanos optaram pelo pecado e pela morte. O pecado e a morte transformaram o mundo de maneira profunda, como também o fizeram com a vida humana. Antes, nosso propósito era sermos portadores da imagem de Deus, refletindo sua glória, mas agora a imagem de Deus em nós foi manchada. Essa imagem foi corrompida pelo pecado.

Mas é claro que ansiamos por algo mais. Não somos mais o que Deus planejou para nós.

Em Romanos 8:22,23, Paulo expressa com maestria essa sensação de anseio:

> Sabemos que toda a natureza criada geme até agora, como em dores de parto. E não só isso, mas nós mesmos, que temos os primeiros frutos do Espírito, gememos interiormente, esperando ansiosamente nossa adoção como filhos, a redenção do nosso corpo.

Não estamos sozinhos nesse anseio por algo mais. Algo não está certo, e toda a criação está à espera, gemendo e ansiando. E, como Paulo diz, nós, seres humanos, nos incluímos na lista.

Aqueles que pertencem a Jesus Cristo têm as "primícias" do algo mais por que ansiamos. O Espírito Santo dá início a uma boa mudança e a uma boa obra em nossa vida, mas tal mudança não é completa. Ainda continuamos a ansiar, a gemer e a esperar.

Mas pelo que esperamos? Esperamos que Deus nos adote, que ele nos faça filhos em sua família, que ele transforme nossos corpos. Há muitas promessas aqui. Todas as nossas insatisfações resultam em esperanças.

Transformação

A transformação final de Bella é minha parte favorita da saga *Crepúsculo* por muitas razões. No fim da série, todas as insatisfações dela acabam. Ela encontra, por fim, uma vida transformada repleta de significado, de propósito e de felicidade. Ao refletirmos sobre a esperança que temos no poder transformador de Deus, vemos que há muito para os cristãos refletirem sobre a história de Bella.

A luta de Bella consigo mesma e com sua humanidade acaba completamente quando ela é transformada em vampiro. Se antes era desajeitada, passa a ser extremamente graciosa. Se antes, ao menos no seu ponto de vista, era apenas comum, passa a demonstrar uma beleza fora de série. Se antes era medíocre, agora se distingue em tudo que faz.

Bella pensava que jamais seria especial. Pensava que sua vida jamais seria importante, que qualquer propósito ou significado que encontrasse em sua vida jamais seria de particular relevância. Porém, depois da transformação ela atinge a plenitude. O patinho feio se transforma no cisne majestoso. "Era como se tivesse nascido para ser vampira", diz. "O pensamento me deu vontade de rir, mas também de cantar. Eu tinha encontrado meu verdadeiro lugar no mundo, o lugar onde me encaixava, o lugar onde brilhava."[1]

Não é isso que todos desejamos? Que nossa vida seja de fato relevante? Encontrar a resposta de para o que fomos feitos? Pertencer de verdade a um lugar de modo a fazer claro o nosso propósito? Bella encontra seu lugar ideal quando todas as peças se encaixam e, por fim, tudo passa a fazer sentido.

Mesmo recém-convertida em vampiro, Bella surpreende os Cullen com habilidades impressionantes e autocontrole jamais visto. Todos esperam que ela seja uma indefesa escrava da sede por sangue humano. Ela também espera ficar perdida, espera perder o controle por conta de seus novos desejos vampirescos. No entanto, ela se sai muito bem como vampiro, mais dona de si que em qualquer outro momento.

Pouco depois da transformação, Edward leva Bella para sua primeira caçada. Eles sentem o cheiro de sangue humano e Edward fica exasperado por Bella, certo de que ela não conseguiria controlar o impulso de caçar e matar um ser humano. Ele fica de queixo caído quando Bella consegue evitar sair em perseguição do cheiro. O autocontrole por ela demonstrado não tem qualquer precedente na experiência de Edward com vampiros recém-convertidos.

---

[1] MEYER, Stephenie. *Amanhecer.* Rio de Janeiro: Intrínseca, 2009, p. 399.

A vampira Bella não é apenas altamente talentosa e detém o controle sobre si mesma, ela também fica maravilhada pelo modo com que a transformação aguça seus sentidos e eleva seu amor. "Minha mente antiga não fora capaz de conter tanto amor. Meu antigo coração não era forte o bastante para suportar aquilo."[2] Sua capacidade de amar — a Edward, sua filha, sua família — a eleva a níveis que ela jamais acreditaria serem possíveis. Ela ama mais do que jamais pôde amar. Ela vê de forma ainda mais clara a beleza daqueles que ama. Seus olhos transformados de vampiro mostram aqueles que ela ama sob nova perspectiva.

Apesar de toda a insatisfação e fraqueza acabarem, apesar de suas habilidades serem elevadas e apesar de se transformar em algo novo, ela continua sendo Bella. A transformação não significa que ela deixa de ser quem era. Ela ainda odeia surpresas, ainda se sente desconfortável recebendo presentes. Em sua nova face bela e imortal, Bella continua enxergando a si mesma:

> Fitei a linda mulher com os olhos apavorantes, procurando partes de mim. *Havia* alguma coisa ali no formato dos lábios — se olhasse além da beleza deslumbrante, era verdade que seu lábio superior era meio desproporcional, um pouco cheio de mais comparado ao inferior. Encontrar esse pequeno defeito conhecido fez com que eu me sentisse um pouquinho melhor.[3]

É possível notar semelhanças e novidades entre a Bella humana e a Bella vampiro. Ela é nova, mas também é a mesma. O "defeito" nos lábios é prova de que a Bella transformada e surpreendente ainda é a Bella que Edward amava, a mesma Bella que desejava uma vida nova.

---

[2] *Amanhecer*, p. 328.
[3] *Amanhecer*, p. 312.

Esperança de mudar

Apesar de sermos seres humanos criados à imagem de Deus, imagem essa corrompida pelo pecado, não obstante, temos muitas esperanças. Esperamos não só que a imagem de Deus em nós seja restaurada — ainda que, por si só, isso já seria fantástico — mas também que Deus complete o bom plano que ele pretende ao realizar em nós uma transformação maravilhosa. E porque podemos confiar nas boas promessas que Deus nos fez, não esperamos em vão.

A transformação de Bella nos ajuda a refletir sobre o anseio cristão de uma transformação, mas, em última instância, esse anseio é por algo mais, algo ainda melhor do que a felicidade que ela encontra com a vida nova.

O ápice da esperança cristã de transformação se encontra na promessa da ressurreição do corpo. Deus não permitirá que fiquemos atolados na lama da morte e do pecado. Muito pelo contrário, Deus promete a nós uma grande mudança. Essa mudança permitirá que toda a vida humana — corpo, alma e espírito — faça sentido e sirva ao magnífico propósito para o qual fomos feitos. Tal ressurreição irá nos transformar em seres humanos plenamente capazes de glorificar Deus. Seremos libertados de todas as coisas que, hoje, impedem nossas habilidades de glorificar a Deus. Seremos libertados da fraqueza, do pecado, da morte, e mesmo das piores inclinações, de sorte a sermos verdadeiramente livres para realizar o propósito para o qual fomos criados — glorificar a Deus.

Infelizmente, por vezes nós, cristãos, perdemos de vista a esperança da ressurreição do corpo. Os primeiros cristãos trabalharam duro para deixar claro que a esperança deles consistia *não apenas* em suas almas partirem para o céu. Esses cristãos insistiam que a esperança era muito maior, muito melhor, porque a esperança cristã da transformação é baseada no que vimos em Jesus.

Depois de Jesus ter sofrido a agonia da crucificação, depois de ter sido sepultado, ele não ficou ali simplesmente apodrecendo enquanto sua alma retornava para ficar com seu Pai. Não, Jesus ressuscitou. Ele despertou para uma nova vida, uma vida transformada, e a ressurreição dele dá a todos os cristãos um vislumbre do que Deus promete para nós.

A promessa das Escrituras claramente liga a ressurreição de Jesus à ressurreição pela qual todos os cristãos esperam. Essa ressurreição promete a transformação completa da vida — não apenas da alma, mas também do corpo. Os primeiros cristãos tinham muita certeza dessa compreensão porque ela era ameaçada por outras esperanças, falsas esperanças que eram populares nas antigas culturas em que viviam tais cristãos. Muitas pessoas daquela época não consideravam que a esperança, o propósito e o significado tinham alguma coisa a ver com a vida ou com o corpo, do modo como conhecemos. Elas pensavam que o corpo era irredimível, e que a vida era inútil. Em face desse desespero, os cristãos trabalhavam muito para lembrar uns aos outros que o poder de Deus é grande o suficiente para redimir todas as coisas. O corpo e a vida se incluem na esperança e no propósito cristãos.

Paulo fala sobre a ressurreição do corpo em sua primeira carta à igreja de Corinto, dizendo aos leitores que todos nós podemos esperar partilhar da ressurreição de Jesus. Assim como "em Adão todos morrem, em Cristo todos serão vivificados" (1 Coríntios 15:22).

Paulo faz uma analogia para comparar o corpo como conhecemos aqui e agora com a ressurreição do corpo. O corpo de agora é como uma semente, e a ressurreição do corpo é como a árvore que nasce da semente. Há continuidade e renovação nessa analogia. Uma semente e um carvalho são material e fisicamente contínuos entre si, mas, ao mesmo tempo, o carvalho é muito mais do que a semente.

O corpo atual e o corpo ressuscitado são contínuos entre si *e* descontínuos, ou diferentes, um do outro. A continuidade e a descontinuidade são coisas muito boas. A continuidade é boa porque implica que nossas futuras esperanças não podem ser desconectadas de nosso presente. Quando acreditamos que Deus tem um bom propósito para nós, não estamos supondo que esse propósito existe *apenas* no futuro, sem qualquer relação com o aqui e agora. As boas coisas que Deus pretende para você e para mim são *para você e para mim*. Nossas vidas humanas comuns são vidas boas. São vidas que Deus ama, vidas das quais Deus não irá desistir.

A descontinuidade também é boa. Nossas vidas, corpos e propósitos são confusos. Nós lutamos com eles. Somos fracos. Sofremos decepções. As pessoas que amamos morrem, assim como nós também iremos encarar a morte. Mas Deus promete redimir tudo isso. Deus promete fazer tudo diferente, fazer tudo novo.

No mesmo capítulo de 1 Coríntios, Paulo fala sobre as diferenças entre o corpo atual e o corpo ressuscitado. O corpo atual, ele diz, é perecível. O corpo atual sofre com a desonra. O corpo atual vive em meio à fraqueza. Porém, na ressurreição, Deus fará tudo novo. O corpo ressuscitado prometido será, de acordo com Paulo, imperecível. A desonra dará lugar à glória, e a fraqueza será substituída pela fortaleza.

Deus promete uma transformação final que inclua na redenção tudo o que somos, tudo quanto Deus fez. A transformação de Bella, de certo modo, reflete essa esperança. Assim como é Bella, e não uma outra pessoa, que surge do outro lado da transformação, também Deus promete nos redimir — *estes* corpos, *estas* existências. Assim como as lutas passadas de Bella ficam para trás, Deus promete nos libertar das fraquezas, dos sofrimentos e das decepções.

Não obstante, a transformação de Bella não fornece material suficiente para a reflexão cristã acerca da esperança e do propósito.

Uma das partes mais importantes do discurso de Paulo em relação à ressurreição liga de forma clara a esperança de transformação a Jesus Cristo. "Assim como tivemos a imagem do homem terreno", diz Paulo, "teremos também a imagem do homem celestial" (1 Coríntios 15:49). A esperança de transformação cristã é física e material. É a esperança de que o propósito último de Deus para nós continuará pertencendo a quem somos agora e ao que Deus faz de nós agora. Também é uma esperança de transformação que vai além dos problemas, dos sofrimentos e das fraquezas do presente. O versículo anteriormente mencionado fornece as informações mais importantes sobre a esperança que precisamos. Trata-se de uma esperança que tem Jesus como centro, uma esperança na qual teremos "a imagem do homem celestial".

O significado e o propósito que temos não são aleatórios. Eles não estão relacionados com preferências pessoais, não são do tipo escolha-a-sua-aventura. Através da semelhança com Jesus, a imagem de Deus se renova em nós. Ao refletir quem Jesus é e ao nos tornarmos espelho do seu amor, conseguimos voltar a refletir a glória de Deus. Jesus nos oferece novamente o propósito e o significado roubados pelo pecado.

Em Jesus encontramos significado e propósito. Conforme Deus nos transforma e nos dá um propósito, percebemos que transformação e propósito têm tudo a ver com a semelhança com Cristo. Isso é verdade tanto para o propósito atual quanto para o propósito final e eterno. Trata-se de ser transformado à semelhança de Jesus, o Filho de Deus, alguém que nos amou e ao mundo o bastante para experimentar de nossa realidade e para morrer por nós. Com sua ressurreição Jesus conquistou a morte, e por isso também nos promete a vitória sobre a morte.

Mas nem mesmo os vampiros imortais de Meyer estão totalmente livres da morte. Decerto, matar um vampiro requer um esforço maior que matar um ser humano, mas tanto os Volturi quanto algum inimigo são capazes de destruí-los. No entanto, a esperança cristã que vemos em Jesus oferece uma liberdade absoluta em relação a essa ameaça. Nenhum inimigo pode destruir aquilo que Deus promete. A morte, no fim, é subjugada; os terríveis efeitos causados por ela serão desfeitos.

Essa esperança não se destina apenas ao futuro. Apesar de a promessa da ressurreição corporal ser a esperança *derradeira* dos cristãos, tal promessa muda nossa vida hoje. Ela fornece significado e propósito, não apenas depois, mas agora. Quando olhamos para a vida corrente, para o corpo presente, é possível ver o começo da transformação que Deus realiza. Podemos rejeitar a tendência ao desespero de se encontrar um significado, porque sabemos que nosso significado está em Cristo.

A esperança em Deus é uma esperança digna de confiança. Quando depositamos esperança em outras coisas — no amor romântico, em um casamento de contos de fadas, mesmo em interesses próprios — então a esperança estará fadada a decepcionar. Porque a esperança em Deus é digna de confiança, ela não é apenas esperança futura, mas bastante real no presente. Porque somos pessoas que vivemos na esperança, a ressurreição acaba transformando nossa vida aqui e agora.

N. T. Wright diz o seguinte: "Porque a ressurreição foi um acontecimento passado neste mundo, os efeitos e as implicações dela decorrentes devem ser experimentados também neste mundo, aqui e agora."[4] A vida e a obra neste mundo são importantes. Se somos artistas, nossa arte importa. Se somos poetas, nossos poemas importam. Se somos atletas, padeiros ou jardineiros, então o esporte, o pão e as flores são importantes. O relacionamento com Deus e com as outras pessoas também importa; esses relacionamentos não são apenas interações passageiras. Eles têm um futuro. Quando demonstramos amor, justiça ou beleza a outra pessoa no aqui e agora, esse testemunho pode ter implicações eternas.

---

[4]WRIGHT, N.T. *Surprised by Hope: Rethinking Heaven, the Ressurrection, and the Mission of the Church*. New York: HarperOne, 2008, p. 191.

Lembre-se, a esperança cristã de transformação é a esperança de continuidade. Não anseio por parar de ser quem sou. Anseio por que Deus faça algo de bom comigo. Anseio para que Deus me faça um reflexo de seus bons propósitos, e para que Deus inicie uma obra em minha vida agora. Assim como a Bella transformada continuou sendo Bella, quando Deus terminar de me transformar e de transformar você, continuaremos a ser nós mesmos. Corpo, mente e vida presentes têm relevância. Por pertencerem a Deus, têm ainda significado e propósito.

Para refletir/para debater

1. Você se identifica com Bella na insatisfação com a vida comum? Com o *slogan*: "Bella: Esperança para as garotas desajeitadas do mundo"?
2. Gaste alguns minutos para refletir sobre a verdade de que os seres humanos são criados à imagem de Deus. Faça uma lista de como essa reflexão deveria mudar o modo sobre como entendemos nossa vida e a vida de todos os seres humanos.
3. Onde você já testemunhou o poder transformador de Deus? No poder de Deus para criar luz a partir da escuridão? Para criar bondade a partir do pecado? Vida em meio à morte?
4. Quais são as características da transformação de Bella? Dessas características, quais podem nos ajudar a refletir sobre a esperança cristã?
5. De que forma a promessa de transformação cristã — a promessa da ressurreição do corpo — muda o modo como você vê a sua vida? O seu corpo? Seus propósitos?
6. Como seria, na vida cotidiana, "refletir a semelhança" de Jesus? Quais aspectos específicos da vida dele poderiam ser refletidos na sua vida?

Capítulo 10

Paixão por Deus

A força do desejo em *Crepúsculo* e na vida real

O desejo assume papel central na saga *Crepúsculo*. Há o constante desejo por sangue. Há o desejo de Bella por Edward, e dele pode-se dizer o mesmo em relação a ela. Há o conflituoso desejo de Bella e Jacob um pelo outro. Edward deseja se casar com Bella, que deseja se tornar vampiro. O desejo sexual aparece por toda a série. Há desejos envolvendo família, intimidade e amor. Desejo de proteger a bebê Renesmee e outros personagens amados. Há o desejo de ser forte, de ser bom, de ser imortal. Mas talvez o desejo mais poderoso de todos seja o desejo de ser transformado.

O desejo é um sentimento muito forte. Somos moldados por aquilo que desejamos. Os desejos determinam a vida, as ações, o tempo e os compromissos. Por causa do desejo escolhemos um caminho e rejeitamos outro. Somos profundamente influenciados pelos desejos.

Somos aquilo que desejamos, e os cristãos têm uma história inspiradora para contar sobre como o desejo pode ser moldado por Deus.

Procurando o amor (em todos os lugares errados)

Ao longo deste livro, expressei minhas preocupações por a saga *Crepúsculo* incentivar o direcionamento dos desejos para outros alvos que não Deus. Bella busca a realização por intermédio de diversas coisas, o tempo todo. Ela centra sua esperança no amor por Edward, esperando encontrar felicidade em uma vida vampiresca e imortal ao lado dele. Este é um exemplo óbvio do resultado de acreditar que a vida pode ser completada por outra pessoa. Ela chama Edward de "essência" de sua existência.[1] O desejo que sente por ele é avassalador, e ela espera que ele supra por completo as expectativas dela para fazê-la feliz.

Em vários capítulos deste livro, sugeri que precisamos estar alertas para não concentrar todo o desejo em uma única pessoa ou direção. Quando colocamos alguém em um pedestal, acabamos condenando essa pessoa ao fracasso. Por exemplo, algumas pessoas focam as esperanças na família, desejando que os pais ou os filhos sejam perfeitos, o que vai além do que alguém pode ou deve ser. Quando a esperança se concentra em outro ser humano, exigimos daquela pessoa algo que ela não pode nem deve dar.

Sonhos sobre o amor, romance, casamento e até mesmo sobre o sexo podem dominar uma vida. Esses sonhos têm a capacidade de controlar todas as nossas paixões. Buscamos toda sorte de coisas que nos possam transformar — exercícios, comida, educação, amor — mas

---

[1] MEYER, Stephenie. *Eclipse.* Rio de Janeiro: Intrínseca, 2009, 217.

ficamos inevitavelmente decepcionados quando essas coisas não resultam em realização. Em diversos momentos as Escrituras descrevem os problemas humanos como problemas resultantes dos desejos. Desejamos aquilo que não deveríamos desejar, ansiamos por aquilo que jamais poderá nos preencher e desperdiçamos energia ao amar coisas que nos afastam de Deus. Em 2 Pedro 2:10, lemos sobre os "desejos impuros da carne".

A existência é completamente moldada pelo que somos e pelo que amamos. Martinho Lutero ensinou: "Aquele a quem o coração se agarra e confia é, afirmo, verdadeiramente seu Deus."[2] Lutero assim escreveu quando ensinava sobre o mandamento de Deus de não ter "outros deuses" (Êxodo 20:3). Ele reconheceu que sempre que o coração se agarra a outras coisas que não a Deus, essas outras coisas são feitas falsos deuses. Lutero compreendeu que tendemos a nos agarrar e a desejar toda sorte de coisas — dinheiro, conhecimento, poder, tradição e outras pessoas. Ele rogou para que os cristãos entendessem que o único depositório da confiança e da esperança, o único alvo digno de adoração, é Deus. Lutero explica que é como se Deus falasse direto a nós, dizendo: "O que quer que falte de bom, procurem em mim e busquem através de mim, e quando sofrerem alguma desventura ou aflição, venham e se agarrem em mim. Sou aquele que irá satisfazer e ajudar em toda necessidade. Não permitam que o coração se agarre a nada mais."[3]

Em Romanos 8, a vida cristã é descrita como vida em que o desejo é transformado de desejo pelo pecado para desejo pelas coisas de Deus: "Quem vive segundo a carne tem a mente voltada para o que a carne deseja; mas quem vive de acordo com o Espírito, tem a mente voltada para o que o Espírito deseja" (versículo 5). A natureza pecadora consiste em desejar as coisas erradas. Consiste em desejar

---

[2]LUTERO, Martinho. *The Large Cathecism*. Philadelphia: Fortress Press, 1959, p. 9.
[3] *The Large Cathecism*, p. 9.

aquilo que não pertence a Deus e em se iludir pensando que tais coisas trarão felicidade. Não podemos nos forçar a amar Deus em detrimento de tudo o mais, mas o Espírito nos ajuda a ver as coisas como são, poupando-nos de amarmos as coisas erradas de maneira errada, mudando nossos desejos. Quando isso acontece, Deus começa a transformar toda a vida.

O que queremos

No capítulo 6, falei sobre um antigo pregador de nome Agostinho e sobre as opiniões dele acerca do casamento como dádiva de Deus. Agostinho foi um leitor atento das Escrituras e um bom observador da vida cristã, e suas reflexões sobre a humanidade exerceram, por vários séculos, maior influência sobre o pensamento cristão do que qualquer outro pensador — sem considerar Jesus e os autores bíblicos. Agostinho acreditava que o desejo era parte central do significado de ser humano. Acreditava que era parte central tanto daquilo que está errado em nós *quanto* de como Deus toma para si o errado e transforma em certo. As reflexões dele sobre o assunto nos ajudam a pensar sobre as maneiras pelas quais a vida é controlada pelo que amamos e desejamos.

Agostinho descreve a situação apontando que há duas maneiras de amar. Podemos amar com o intuito de usar ou podemos amar com o intuito de desfrutar. O amor incondicional pertence apenas às coisas que nos fazem verdadeiramente felizes. Esse amor — creio que podemos chamá-lo "amor verdadeiro" — acontece quando amamos apenas por amar. O amor que tem esse objetivo significa que há satisfação naquilo que se ama; há contentamento com o objeto em si.

O amor utilitário é um amor que nos ajuda a alcançar o lugar da felicidade verdadeira. O objeto amado pelo amor utilitário se destina a certo fim — o uso — e o amamos por ele cumprir com o objetivo traçado. Eu posso amar a minha caminhonete com um amor utilitário. Ela não é particularmente amável em si. Muitas pessoas não se animam com um veículo tedioso como uma caminhonete, mas eu a amo porque ela faz o que tem de fazer quando me leva do ponto A ao ponto B.

Agostinho teve uma grande visão em sua vida. Ele gastou muito tempo desejando coisas que não eram Deus. Ele desejou mulheres, conhecimento e poder. Depois de um processo longo e doloroso concluiu que apenas Deus pode nos fazer verdadeiramente felizes, e, por isso, esforçou-se para ensinar que *apenas Deus* deveria ser amado com amor incondicional. A única coisa digna de ser amada em si é Deus. Todo o resto resulta em decepção. Apenas Deus é verdadeiramente passível de ser amado, o que significa que devemos amá-lo com amor verdadeiro, amor incondicional. Todo o resto — e Agostinho foi verdadeiro quando enfatizou o *todo* — deve ser amado com amor utilitário.

Então quer dizer que devemos amar tudo que não é Deus — todos os grandes amores que impulsionam a saga *Crepúsculo*, como romance, família, filhos e casamento — com o amor que Agostinho chama de amor utilitário? Devemos *usar* nossos entes queridos? Agostinho acredita que sim. Antes de você fechar o livro, ouça o que ele tem para dizer.

Agostinho acredita que devemos amar *tudo* que não é Deus com um amor utilitário porque apenas Deus é passível de ser amado em sua própria constituição. Acima de tudo, devemos amar tudo que não é Deus com um amor utilitário, mas só podemos fazer isto quando compreendemos com exatidão a *utilidade* de todas as coisas.

Segundo o raciocínio de Agostinho, tudo tem apenas uma utilidade correta, apenas um propósito adequado, que é amar a Deus. Ele acredita que devemos amar tudo, absolutamente tudo, que não é Deus com o propósito de direcionar toda a nossa vida para o amor e a glória de Deus. O amor por Deus deve ser como um rio caudaloso; a água deve formar uma poderosa correnteza na direção de Deus, e todos os afluentes devem convergir para o curso principal. Cada gota de água, cada pedaço de desejo, o propósito de cada amor, deve fluir em direção a Deus.

Quando Agostinho sugere que devemos amar Deus com amor incondicional e, digamos, um marido com amor utilitário, ele não pretende dizer que se deve usar o marido da mesma forma com que se diz: "Ela está usando o marido." O intuito não é fazer uso dele para tirar o lixo ou pagar as contas, como também não é o intuito usá-lo para elevar a autoconfiança ou para se sentir menos solitário. Deve-se fazer "uso" dele para o propósito para o qual ele foi realmente destinado. Quando Deus criou o marido — e tudo o mais —, havia um motivo. O propósito da existência de um marido é amar Deus. Assim, quando se ama esse marido com amor utilitário, tal amor por ele deve ser *em nome de Deus*. O amor não deve se limitar ao marido, como se ele fosse um objetivo de vida. O amor deve conduzir os cônjuges ao propósito pelo qual ambos foram criados, que é amar e glorificar Deus, que *é* amor. O amor, em vez de se limitar a uma pessoa, deve fluir através e conduzir a Deus.

Provavelmente você não se surpreenderá com a avaliação de Agostinho sobre a condição humana. Nossa compreensão do amor é errada. Nós amamos as coisas erradas pelos motivos errados. Apenas Deus pode nos fazer verdadeiramente felizes. Apenas Deus é verdadeiramente passível de ser amado, mas amamos todo o resto como se algo pudesse nos preencher. Amamos maridos e mulheres, pais e filhos, trabalhos e diversões, até pizzas e carros como se essas coisas pudessem nos fazer verdadeiramente felizes. Amamos essas coisas por si sós. Então, para piorar, amamos Deus, que *é* verdadeiramente amor, com amor utilitário. Amamos Deus porque acreditamos que ele pode nos conceder privilégios — talvez amar Deus faça com que as coisas aconteçam conforme planejamos. Ou talvez amemos Deus por querermos um ingresso para o paraíso. Amamos Deus para usá-lo e amamos todo o resto como se esse resto pudesse dar propósito ou significado à vida.

Na avaliação de Agostinho, nós, seres humanos, somos vítimas de uma grande doença amorosa. Ele nos compara a "viajantes em terra estranha", que só ficam felizes quando regressam para o verdadeiro lar. Enquanto viajantes, precisamos usar as coisas para completar a jornada de volta. Precisamos de um meio para regressar — um barco, um carro, um trem, um par de tênis — se quisermos ter esperanças de alcançar a verdadeira morada da felicidade. O problema é que ficamos presos na terra que atravessamos, ficamos "absortos" em falsas "delícias" e, em vez de apressar para voltar, nos demoramos em uma terra que não tem a menor chance de nos fazer felizes.[4] Bagunçamos nosso modo de amar, nossos desejos e nossos anseios. Porque pecadores, amamos tudo que não é Deus como se isso pudesse nos preencher. Não obstante, Deus pode mudar nosso amor. Deus pode restaurar nossos desejos de sorte a querermos apenas aquilo que nos faça verdadeiramente felizes, aquilo para que fomos destinados desde o início, uma união com ele. Deus é o que devemos verdadeiramente desfrutar. Apenas Deus é eterno e digno de confiança.

Paixão por Deus

O desejo é bom. Foi criado por Deus e a ele deve se destinar.

No livro dos Salmos vemos um retrato marcante do que significa desejar Deus "Como a corça anseia por águas correntes, a minha alma anseia por ti, ó Deus." (42:1). Que bela imagem, não é? Imagine a corça, com uma sede imensa por ter corrido no bosque, literalmente

[4]AGOSTINHO, em Nicene and Post-Nicene Fathers, Primeira Série, Vol.2, *City of God, Christian Doctrine*", ed. Philip Schaff, Buffalo, NY: Christian Literature Publishing Co., 1887, "*On Christian Doctrine*, livro 1, capítulo 4.

arfando para beber água. Nós, humanos, somos a corça, desejando e arfando por Deus. O salmo continua: "A minha alma tem sede de Deus, do Deus vivo. Quando poderei entrar para apresentar-me a Deus?" (versículo 2).

Em outro salmo, o autor suplica: "A quem tenho nos céus senão a ti? E na terra, nada mais desejo além de estar junto a ti" (73:25). No Salmo 145, vemos um cântico de louvor a Deus por preencher tudo o que desejamos e de que precisamos. "Abres a tua mão e satisfazes os desejos de todos os seres vivos" (versículo 16). A realização está em Deus. Deus satisfaz nossos desejos mais verdadeiros.

Mas Deus não opera de forma a eliminar todas as paixões ou anular todos os desejos. Deus age *transformando* nossas paixões e desejos de forma que, em vez de ansiar por coisas que decepcionam, passamos a concentrar nosso amor na única coisa que realmente satisfaz.

Mas não enxerguem algum julgamento em toda essa reflexão sobre o desejo. Não entendam como se eu dissesse: "Que vergonha. Você tem um distúrbio amoroso. Se ajeite." Ao contrário, tomem minhas palavras como uma mensagem de esperança. Não podemos nos forçar a amar Deus. Mas podemos confiar que o Espírito Santo tem a capacidade de mudar os nossos anseios. Podemos olhar para a promessa de que Deus irá satisfazer nossos desejos e enxergar esperança.

Quanto àquele garoto ou àquela garota que você tanto deseja... Você não precisa dele ou dela para lhe completar. Deus irá satisfazer. Sabe aquele homem ou aquela mulher que parecia que finalmente poderia fazer você feliz? A verdadeira felicidade está apenas em Deus. O casamento perfeito, a família perfeita, os pais ou os filhos perfeitos que você desejava ter? Pode deixar essa imagem ilusória de perfeição para trás, sabendo que apenas Deus pode realizar. A vida nova e a transformação que você anseia? Pois elas não virão por seu próprio esforço ou de outra pessoa. Mas podem vir de Jesus Cristo. Podemos abrir mão de nossos reluzentes Edwards e de todos os outros ídolos reluzentes para encontrar liberdade em Cristo de modo a amar com paixão esta vida, da forma como ela tem de ser amada — para a glória e o amor de Deus.

O profeta Isaías fala sobre como Deus realiza nossos desejos, e promete que "O Senhor o guiará constantemente; satisfará os seus desejos numa terra ressequida pelo sol e fortalecerá os seus ossos. Você será como um jardim bem regado, como uma fonte cujas águas nunca faltam" (58:11). Imagine a fonte eterna, a bela nascente que jamais secará.

Na história de amor de Deus encontramos o único amor que jamais decepcionará, o rio jamais secará, o lugar onde nos serão devolvidas todas as paixões.

Bella Swan acreditava que tudo que precisava para ser feliz era Edward.

Mas tudo o que precisamos é Deus.

Para refletir/para debater

1. Que tipos de desejo permeiam a saga *Crepúsculo*? Qual o papel do desejo em outras histórias que lhe atraem?
2. Descreva o conceito de Agostinho sobre os dois tipos de amor. Essa explicação dá alguma inspiração à sua vida?
3. Onde você costuma encontrar pessoas apaixonadas por Deus? De que forma consegue aprender com esses exemplos?
4. Como seria a sua vida se a sua vida amorosa *priorizasse* o amor a Deus? Que coisas inesperadas Deus é capaz de fazer?

EPÍLOGO

Jesus, a luz

A SAGA *CREPÚSCULO* ESTIMULA AS esperanças de muitos leitores.

Conforme conduzi você pelos temas da saga, tentei esclarecer que as esperanças e os desejos não são ruins. Não é errado sonhar com um amor (ou casamento, família, transformação ou qualquer dos outros sonhos e esperanças que são parte da saga). Mas quando as esperanças se elevam por conta de coisas fadadas a decepcionar — já que tudo que não é Deus está fadado a decepcionar, de um modo ou de outro — então me preocupo com a possibilidade de nos transformarmos em cínicos, pessoas que olham para os sonhos de amor que já tiveram e que riem por verem quão falsas essas esperanças se provaram.

No entanto, Deus pode transformar as esperanças e os desejos, através de uma história de amor que jamais decepcionará. Se este livro ajudou você a começar a ver algumas dessas esperanças de forma diferente ou a se fazer questões referentes a depositar a esperança naquilo que não é Deus, então fico feliz.

Minha expectativa, quando você terminar o livro, é que você tenha um vislumbre da grande esperança que reside em Deus. Deus dá uma visão de esperança sob a qual passamos a viver debaixo da luz ofuscante do amor de Jesus.

Os títulos dos livros de Meyer são todos ligados à luz. *Crepúsculo* é o período entre a escuridão e a luz, o fim do dia, quando a luz está indo embora. A lua nova fornece uma réstia de luz na escuridão. Um eclipse bloqueia a luz, impedindo-a de nos alcançar, mas o amanhecer implica a chegada da esperança e a possibilidade da revelação. A escuridão ameaça, mas a luz sempre a atravessa. As histórias de luz e de escuridão cativam nossa imaginação. Elas refletem nossas próprias histórias, histórias em que há muita luta, em que corremos o perigo de não conseguir enxergar, ao mesmo tempo em que desejamos ver tudo claramente.

Vivemos em um mundo de luz e de escuridão, um mundo onde por vezes nos vemos tropeçando nas sombras, sem poder ver um palmo à frente do nariz. As Escrituras estão repletas de promessas sobre os meios com que Jesus nos provê luz. Tudo foi criado por ele. A vida se encontra nele, e "esta era a luz dos homens. A luz brilha nas trevas" (João 1:4,5). As Escrituras prometem que a escuridão *jamais* superará a luz. As pessoas podem ser testemunho da luz, mas ninguém jamais será luz. Jesus é "a verdadeira luz", e ilumina todas as pessoas (versículo 9).

A visão de esperança no livro do Apocalipse é uma visão em que a escuridão é removida e onde nós podemos ver claramente à luz de Cristo. "A cidade não precisa de sol nem de lua para brilharem sobre ela, pois a glória de Deus a ilumina, e o Cordeiro é a sua candeia. As nações andarão em sua luz, e os reis da terra lhe trarão a sua glória. Suas portas jamais se fecharão de dia, pois ali não haverá noite" (Apocalipse 21:23–25). Temos uma grande esperança, e podemos acreditar nas grandes promessas de Deus. A escuridão e o mal serão superados. Deus destruirá a dor, a morte e o pecado e nos dará vida nova à luz do perfeito amor de Jesus. Não precisamos buscar outra pessoa para iluminar o caminho que não Jesus.

Guia de discussão livro por livro

ESTE GUIA FOI FEITO PARA INCENTIVAR você a discutir o conteúdo deste livro em relação aos quatro livros da saga *Crepúsculo*. As perguntas deste guia foram pensadas para fazer você refletir e debater sobre os acontecimentos e personagens dos livros e sobre a sua reação a eles. As perguntas focam mais a trama e menos os temas da saga ou os temas da vida espiritual.

Vou sugerir capítulos deste livro que ajudarão na discussão de cada um dos livros da saga *Crepúsculo*. Conforme você for refletindo acerca dos temas da saga e sobre o significado desses temas para a sua vida espiritual, recomendo que volte às questões no final dos capítulos deste livro, pois são questões que irão incentivar a pensar de forma bíblica nos referidos temas.

Crepúsculo

1. Por que você começou a ler o livro? Alguém o recomendou a você? Você leu rapidamente?
2. Fale sobre as sensações que a leitura do livro causou em você. Entusiasmo? Aborrecimento? Ansiedade? Cinismo?

Quais acontecimentos da história contribuíram para essas sensações?

3. O primeiro contato que temos com Bella é quando ela está deixando sua mãe e sua casa em Phoenix, embarcando em uma nova fase na vida. O que você pensa sobre a independência de Bella? Essa independência representa um desejo nascido do amadurecimento? Ou é algo assustador?
4. Reflita por algum tempo sobre Edward. Descreva o personagem dele. O que nele atrai Bella? O que nele a assusta?
5. Imagine-se no lugar de Edward quando ele conhece Bella. Que fatores contribuíram para o olhar de ódio que ele lança a ela?
6. Por que James estabelece Bella como sua presa? Quais as emoções que o fato provoca em Bella e na família Cullen?
7. Pense em *Crepúsculo* em relação ao Capítulo 1 deste livro, "Fruto proibido: o encanto do romance perigoso". De que forma o romance é retratado como a) perigoso, b) devorador, e c) predestinado?
8. O que faz de Bella e Edward almas-gêmeas? Você se sente mais propenso a questionar o conceito de alma-gêmea depois de ler este livro?
9. Pensando no Capítulo 2 deste livro, "Fascinado: como o amor funciona na saga *Crepúsculo*", de que forma Bella age como um satélite em relação a Edward? Quais aspectos do amor entre eles merecem questionamento de nossa parte?

Lua nova

1. De que maneira a reação de Edward à tentativa de Jasper de atacar Bella muda o relacionamento entre eles? Você acha que Edward deveria ter reagido de outra forma?
2. Por que o afastamento de Edward chega perto de destruir Bella? Exatamente o quê muda para ela quando ele se vai?

3. Qual o papel da amizade entre Bella e Jacob durante a ausência de Edward? O que você pensa sobre a maneira com que ela lida com essa amizade?
4. Ao pensar que perderam um ao outro, tanto Bella quanto Edward se aproximam da morte. O que isso revela sobre o relacionamento entre eles? E sobre o relacionamento deles com amigos e família?
5. Qual é sua opinião sobre o fato de os lobisomens da série existirem com o simples propósito de combater os vampiros? O que faz com que os dois grupos sejam arqui-inimigos?
6. De que modo a perseguição de Victória a Bella contribui para a trama?
7. Discuta o papel dos Volturi na história. Por que os protetores da sociedade dos vampiros são tão temidos e perigosos? O que se deduz da antiga amizade que têm com Carlisle?
8. Qual a sua opinião sobre o reencontro entre Bella e Edward? De que forma eles lidam com o sofrimento que experimentaram? Como esses sofrimentos afetam o futuro da relação?
9. Levando em conta o Capítulo 4 deste livro, "O super-herói e a garota comum: papéis sociais de gênero em *Crepúsculo*", quais estereótipos associados ao gênero são demonstrados quando Edward deixa Bella sob a alegação de protegê-la? E quando ela cai em depressão pela ausência dele?
10. Pensando no Capítulo 5 deste livro, "Beisebol e lealdade: crepúsculo e a família ideal", como a ausência da família Cullen contribui para o desespero de Bella por perder Edward?

Eclipse

1. Muitas histórias sobre o mundo dos vampiros aparecem em *Eclipse*, criando uma base que os leitores não tinham. De que forma as histórias acerca do passado dos vampiros, das guerras

entre eles e da natureza dos vampiros recém-convertidos contribui para os temas da saga?

2. Por que motivo Victoria reúne um exército de vampiros para ameaçar os Cullen? O que a reação deles à ameaça revela sobre a família?
3. Neste livro, cresce a tensão que envolve a transformação de Bella em vampiro. Quais foram suas reações a essa tensão? Você desejou que Edward cedesse e a transformasse? Você esperava alguma surpresa?
4. O que o amor de Bella por Edward e Jacob diz sobre a natureza do amor? Qual a sua opinião sobre o modo com que ela lida com a situação?
5. Qual o motivo da escolha de Bella por Edward em detrimento de Jacob? Qual é sua avaliação de tal escolha?
6. De que forma a aliança entre vampiros e lobisomens contribui para a trama e para os temas do livro?
7. Levando em conta o Capítulo 3 deste livro, "Carne e sangue: abstinência e sexo em *Crepúsculo*", o que acontece no livro para aumentar a tensão sexual entre Bella e Edward? Qual foi sua reação à escolha deles de guardar o sexo para o casamento?
8. Pensando no Capítulo 8 deste livro, "Força sobre-humana: *Crepúsculo* e boa vida", quais acontecimentos do livro retratam o esforço dos vampiros em ser bom?

Amanhecer

1. Que sensações você teve ao ler sobre o casamento de Bella?
2. Por que Edward e Bella têm reações tão diferentes sobre a gravidez?
3. Descreva os efeitos físicos, emocionais e materiais causados pela gravidez em Bella.

4. Quando é transformada em vampiro, por que Bella esconde a dor excruciante? Você acha que ela agiu corretamente?
5. O que em Bella surpreende você depois da transformação em vampiro?
6. O que os dons únicos dos personagens vampiros, em especial o dom de escudo de Bella e o dom da comunicação de Renesmee, dizem sobre os personagens? Quais são os valores do mundo deles?
7. Qual é a importância dos Cullen conseguirem reunir vampiros aliados de todas as partes do mundo na preparação para a batalha contra os Volturi? Qual a influência de tais vampiros para a sociedade deles? E para a família Cullen?
8 Você consegue explicar a reação dos Volturi em relação aos Cullen?
9. Levando em conta o Capítulo 6 deste livro, "Para a eternidade: vantagens, desvantagens e a realidade do casamento em *Crepúsculo*", você acha que a história de *Amanhecer* tende a desprezar ou romancear o casamento?
10. Pensando no Capítulo 7 deste livro, "Filhote de monstro ou filho precioso: filhos na saga *Crepúsculo*", de que forma a maternidade de Bella influencia seus pensamentos sobre filhos e paternidade?
11. Em relação ao Capítulo 9 deste livro, "Meu verdadeiro lugar no mundo: a busca de Bella por um propósito", por que a vida dos vampiros é a vida certa para Bella? De que forma isso o ajuda a pensar sobre seu próprio lugar no mundo?
12. De que forma a série poderia terminar com um final diferente? Há algum personagem sobre quem você gostaria de saber mais? Como o final escolhido por Meyer reflete os temas de sua saga?

Este livro foi composto em Bembo 12/16 e impresso
pela Gráfica Ediouro sobre papel Polen soft 70g
para a Thomas Nelson Brasil em fevereiro de 2010.